元号の付いた事件・出来事でたどる日本の歴史

元号と日本人

宮瀧交二・監修
プレジデント書籍編集部・著

プレジデント社

まえがき

平成31年（2019年）4月30日に天皇が譲位され、5月1日より新天皇（現・皇太子）のもとで新元号がスタートする。そして、その発表は4月1日になった。

本書は、改めて皆様に「元号」について知っていただくと同時に、この機会に、元号とは何かを考えていただくために執筆したものである。元号が付いた事件・出来事には、たとえば大化の改新、保元の乱、平治の乱、承久の乱、応仁の乱、享保の改革、明治維新などがあるが、日本史のキーワードにもなっているこれらの歴史用語を、元号の視点から解説した日本通史でもある。

日本の歴史、別の言い方をするならば「元号の事件簿」とも言えるかもしれないが、これを、今までとは別の角度から問い直してみたいという想いから本書は生まれたのだ。

序章の「元号の歴史を考える」は、私の勤務校である大東文化大学が主催する「オープンカレッジ」で開催した「《特別講座》元号の歴史」でお話ししたことを中心にまとめたものである。そして、第一章～終章までに、私の[illegible]プレジデント書籍編集部の方々が苦労して丁寧に執筆されたものだ。

ところで、日本における最初の元号「大化」から現在の「平成」まで、通算すると247の元号がある。今回、その元号の一つひとつを改めて確認してみたが、それぞれの元号には、時代や体制の違いはあれども、用いられた漢字に込められた想いは常に同じであった。

「今以上に、より良き時代が来るように」と祈り、「その時代が長く、そして永く続くことを願う気持ち」である。それまでの災いを断ち切ったり、より一層希望に満ちた時代にしたいという期待を込めて、日本では改元は頻繁に行われてきたのだ。

本書をお読みいただき、元号が日本の歴史と、どのように関わってきたのか、そしてさまざまな困難を乗り越え、歯を食いしばりながら生き抜いてきた「日本の民」の力強さに改めて思いをはせていただければ幸いである。

宮瀧交二

目次

第1章 飛鳥時代・奈良時代の事件・出来事

飛鳥時代

奈良時代

第2章 平安時代の事件・出来事

平安時代

第3章 鎌倉時代の事件・出来事

鎌倉時代

第4章 南北朝時代の事件・出来事

南北朝時代

第5章 室町・戦国・安土桃山時代の事件・出来事

室町時代

戦国時代

第6章 江戸時代の事件・出来事

江戸時代

終章 近現代の事件・出来事

明治時代以降

序章

元号の歴史を考える

（宮瀧交二）

そもそも「元号」とは？

「元号と年号は何が違うのか？」という質問に、あなたは答えられるだろうか。

実は、基本的に「元号」と「年号」は同じ意味である。「年号」は、年数の上に良い漢字を複数冠して年を表す称号であり、本来「元号」も「年号」と言っていたのだが、改めた年号のはじめの年を、「昭和元年」「平成元年」のように、元という字を用いて表現するため、「年号」を「元号」とも言うようになったのである。

現在では、「明治」の改元で「一世一元《いっせいいちげん》の制」が導入され、昭和54年（１９７９年）の「元号法」の施行を経て「天皇一代につき、元号ひとつ」という方法が定まっている。

今の日本では「年号」と言うと、西暦のことを指すという方も少なくないだろう。実際に、「誕生日を年号から書いてください」と言われたとき、「１９５８年」と西暦で書く人もいれば、「昭和33年」と書く人もいるはずだ。私が教えている学生たちに書いてもらうと、「平成31年」よりも「２０１９年」と西暦で書く学生のほうが圧倒的に多かった。

そうなると不便なので、西暦も含めて指すときは一般的に「年号」でいいと思うが、漢字を冠する表記に限定するときには「元号」と使い分けたほうがわかりやすくなる。つまり、「年号」という範疇《はんちゅう》の中に「元号」があると理解して差し支えないだろう。

今を生きる日本人は、「元号」を使うことに何の違和感も持たないが、たとえば江戸時代、地方に住む農民たちは朝廷が決めた「元号」など、知らないままの人がほとんどだったとみられている。当然ながら、西暦など知る由もないだろう。

では、どうやって当時の人たちは時間軸を考えていたのか。おそらく、干支《かんし》を活用することが多かったと考えられる。

干支は、十干《じっかん》（甲・乙・丙・丁・戊・己・庚・辛・壬・癸）と十二支《じゅうにし》（子・丑・寅・卯・辰・巳・午・未・申・酉・戌・亥）を組み合わせて、ひと回りすると60（還暦）を数えるものだ。「甲子《きのえね》」や「丙午《ひのえうま》」に、「戊辰《ぼしん》」「壬申《じんしん》」などは、一度は聞いたことがあるだろう。

江戸時代の平均寿命は30～40歳代だったとみられているため、干支のひと回りで60年とすると、数えやすかったのだろう。「丙午の年の生まれです」などという会話がされていたのかもしれない。

あるいは、江戸に住む町民などは、「今の将軍様になってから何年」などと言っていたかもしれないし、「あの冷夏で不作だった年から何年」とか「あの地震から何年」など、さまざまな言い方で時間を表していたことが考えられる。このように、西暦や元号が一般的になる以前は、時間の表し方は時代や地域によってまちまちだったようである。

こうした言い方は、「阪神タイガースの日本一から34年」とか「第二次世界大戦終戦から74年」など、現在でもよく耳にする。何を軸と捉えて時間を表すかは千差万別で、「元号」もまた、こうした捉え方のひとつにすぎないとも言えるだろう。

中国から始まった「元号」の歴史

元号の歴史を紐解くと、その始まりは中国・漢の時代にさかのぼる。紀元前141年から紀元前87年まで皇帝の地位にあった武帝《ぶてい》が、即位の翌年（紀元前140年）を「建元《けんげん》元年」としたのが元号の最初であると、『漢書《かんじょ》』（前漢について書かれた歴史書）に書かれている。

その武帝は皇帝になってから亡くなるまでの54年間に、11回も改元しているという。改元の理由は、さまざまな天変地異や、政局を転換したいときなどであったと考えられている。このように、改元することで時間を自由に操るのが皇帝の特権であったと言えるだろう。

特に唐の時代の中国は、中華思想が国の根幹となっていた。唐の皇帝が世界の中心であり、周辺のアジア諸国は中国に従っている国だという考え方である。

事実、朝貢外交《ちょうこう》と言い、中国に貢《みつぎ》を贈ることで自国の存在を認めてもらえるとして、邪馬台国の卑弥呼も魏《ぎ》に使いを出していたことは、あまりにも有名である。

卑弥呼の時代、倭国に元号はなかったので、卑弥呼は魏の元号を使っていたと考えられている。『魏志倭人伝《ぎしわじんでん》』には「景初《けいしょ》3年」(239年)に、卑弥呼が魏に使いを送ったと記されている。卑弥呼が魏に出した文書にも、魏の元号である「景初」が使われていたのではないだろうか。

このように、中国に朝貢している国々は、基本的に中国の元号を使わざるを得なかった。ただ、例外と言えるのが厩戸皇子《うまやどのみこ》(聖徳太子)とそのグループだ。彼は朝貢外交を快く思っていなかったとみえて、できるだけ対等を装うようにしていたようだ。

さらに日本は、表向きは中国に仕えているように振る舞っていたが、実際には、そうするつもりはなく、奈良時代からは独自の元号を次々と使うようになっていた。日本のこうした動きを、中国皇帝は面白く思っていなかったのではないだろうか。

たとえば、7世紀の朝鮮半島では高句麗《こうくり》、新羅《しらぎ》、百済《くだら》の三国が分かれて戦っていた。やがて新羅が白村江《はくすきのえ》の戦いで百済と日本に勝利し、高句麗も滅ぼして、朝鮮半島を統一する。その新羅はかつては独自の元号を使っていたのだが、唐から「なぜ唐の元号を使わないのか?」と問い詰められてしまった。結局、新羅は忠告に従い、唐の年号を使うことになった。

その点、日本は島国で、中国とは海を隔てていたこともあり、すぐに襲われることもないと考えたのか、唐の年号を使わずに独自の元号を使い続けた。そういう意味では、中国の文化圏に入っている国の中でも、日本は例外だったのだ。

朝貢国として唐の元号を使わなければいけないという認識はあったと思うのだが、あえて使わなかったというのは、聖徳太子以来の自主独立の道を歩みたい、そういう国家としてのプライドがあったのではないだろうか。

中国と日本 「元号」の大きな違い

中国の元号数は、元号が制度化された唐の建国(618年)から辛亥《しんがい》革命によって清が滅亡するまで（1911年）の間で189とされている。一方、日本は「大化」（645年）から「平成」（1989年）までを合わせると247もあり、数だけで比べると、意外にも日本のほうが多い。

ただ、元号に使用された文字の種類は、中国が148字、日本が72字となり、中国のほうが多いのだ。日本は中国の約半分の72字で247もの元号をつくり出していることになる。なかなか興味深い事実である。下記に、中国と日本の元号で多用された文字を一覧でまとめたが、日本で一番多く使われている文字は「永」で、29回も使われている。

中国の元号と比べて特筆すべきことは、

中国・日本の元号で多用された文字

中国		
	元号	回数
1	元	46
2	永	34
3	建	26
4	和	21
5	興	18

日本			
	元号	回数	例
1	永	29	永観、永長、文永など
2	元	27	保元、元暦、承元など
2	天	27	天平、天慶、天保など
4	治	21	平治、治承、元治など
5	応	20	貞応、応仁、慶応など

日本の場合、元号の重複がないという点である。

中国では「建武」「太平」の元号はそれぞれ5回、「永興」「太和」はそれぞれ4回も使われている。しかし、日本ではこれまで同じ元号が使われたことは一度もない。

同時に、日本は他国の元号との重複を嫌っていた。日本史の中での重複も、また、他国が使っている元号を使うことも、どちらも避けたい。ここに日本のプライドの高さがうかがえよう。

ただ、例外がいくつかある。日本でも「建武」という元号が南北朝時代、後醍醐《ごだいご》天皇によって採用されている。これは漢の光武帝《こうぶてい》が漢王朝を再興し、後漢を建てたときの元号で、改革を推し進めたかった後醍醐天皇が反対を押し切って採用したとされている。

また、実は「大正」も、ベトナムでも使われていた元号であった。この事実を知っていたのが、かの森鷗外である。ベトナム（安南）では10世紀中頃から第二次世界大戦後まで元号を使用しており、「大正」は1530〜1540年に使われていた。そのため、このことを知っていた鷗外は、「不調べの至《いたり》」と新聞で批判している。この記事を読んだ政府が焦ったことは想像に難くない。鷗外がいかに博識であったかがわかる出来事である。

「元号」を生み出した中国だが、意外にも現在は西暦が公式に使用されている。清の滅亡によって元号は廃止され、1912年には「中華民国元年」とするも、中華人民共和国はこれを採用しなかったためだ。

この点は、いずれ中国国内で問題になるのではないかと感じている。やはり中国には中華思想が歴史的に色濃く残っているのではないだろうか。これからはアメリカをも凌いで中国が世界一の大国になると、勢いに乗りつつある現状では、キリストの生年に由来する西暦を使っていていいのか、中国で生まれた元号を復活させるべきではないのか、といった議論が登場するのは時間の問題ではないだろうか。

元号が中国でも使われなくなった今、これが制度として残っているのは日本だけである。かつてはアジアの国々で広く使われていた元号は、20世紀初めには使われなくなってしまっている。そういった現状を踏まえると、今日、「元号」は日本独自の文化となっていると言えなくもない。

日本古代の「元号」と改元理由

日本で最初の元号は、645年に制定された「大化」である。それ以前は、先述したように中国の元号を使ったり、あるいは干支を使っていたことが考えられている。

たとえば、埼玉県行田市にある稲荷山古墳は5世紀後半の古墳だが、ここから出土した国宝の鉄剣には、「辛亥年《しんがいのとし》」と記されている。「辛亥年」は471年だ。当時は、このような干支を使った書き方が一般的だったことを裏付ける貴重な証拠と言えるだろう。

ただ、「大化」以前にも元号があったのではないかという説もある。法隆寺の金堂に伝わる釈迦三尊像の光背に記された銘文には、「法興元卅一年《ほうこうがんさんじゅういちねん》」と記載されている。これは621年にあたり、「大化」以前である。この「法興」を元号だと考える学者もいる。

私はこれは元号ではなく、「法が興《おこ》りて元《から》31年」という意味であると思っている。元には「から」「より」という意味があるため、単なる文章の一節ではないだろうか。

実は鎌倉時代の仏教書には、「大化」より古いとされる元号が複数例登場している。ただ、それらの元号は平安時代以前の史料では一切確認できないもののようである。おそらく、鎌倉仏教が隆盛した時代に、仏教関係者によって造作されたものだろうとみられており、やはり日本で最初の元号は事実上、「大化」で間違いないだろう。

第1章でも触れることになるが、「大化」に続いて元号が存在したかというと、連続せず飛び飛びになっていることがわかっている。これは実際には、日本の社会では、まだ元号が浸透していなかったということに他ならない。

『日本書紀』では、「大化」後の650年に「白雉《はくち》」、686年に「朱鳥《しゅちょう》」という元号が記載されている。ただ、のちに「白雉」は「白鳳」に、「朱鳥」は「朱雀《すざく》」と表記されることが多く、どちらの元号も実社会ではほとんど通用していなかったのではないだろうか。

では、元号が本当に定着して使われるようになったのはいつなのか。それは、大宝律令が制定され、日本が国家としての体を成した「大宝」（701年）からであろう。事実、「大宝」からは途切れずに「平成」まで続いている。

『日本書紀』に続く歴史書『続日本紀《しょくにほんぎ》』には、奈良時代のことが事細かに書かれている。そこには改元の理由についての記述もある。

たとえば、「武蔵国秩父郡から純銅（和銅）が出たため『和銅』に改元」や、「甲羅に

『天王貴平知百年』と書かれた珍しい亀が見つかったため『天平』に改元」といった記述がある。こうした祥瑞《しょうずい》（めでたい前兆・吉兆）の出現による改元は、「祥瑞改元」と呼ばれている。

また、改元理由の多くは、天皇の即位による代始めの改元（代始改元、即位改元）である。他に、地震や噴火といった天変地異、疫病の流行といった凶事の発生にともない、その厄を払うために改元する（災異改元）ような場合もあった。

ただ、代始改元以外は、その裏に政治的な演出があることも否めない。たとえば、「養老」は、元正《げんしょう》天皇が美濃国（今の岐阜県）を行幸した際に病を治す美泉を発見し、これを吉兆として改元したとされている。

もちろんそれは単なる旅行ではないだろう。美濃国は、壬申の乱の際に祖父にあたる天《てん》武《む》天皇を助けた豪族たちがいたところだ。おそらく、「今後また何か政争があったときには協力を頼む」といったことを伝えに行ったのではないか。その際に、地元にある美泉に立ち寄って改元を行ったのだから、まさに政治的な演出と言えるだろう。

改元には何かしら理由が必要だ。突然何もなく変えることはできない。もし、「政策がうまくいかないので一新するために改元したい」など、政治的な理由や目的で変えたいと思っても、それを公表するのは躊躇《ちゅうちょ》されるのではないだろうか。そこで表向きは天災を理由にしたり、吉兆を理由にしたりすることも珍しくなかったのである。

改元はどう行われるのか

「平成」から改元を迎えるにあたり、多くの人が関心を寄せているのが「改元はどう行われるのか」という点ではないだろうか。

新しい元号を決める方法は、明治より前と明治以降で大きく異なる。明治より前は、「勘《かん》申《じん》」と「難陳《なんちん》」によって改元は進められた。

勘申とは、朝廷から依頼を受けた式部大輔《しきぶたいふ》や文章博士《もんじょうはかせ》が元号案を考えることだ。彼らは中国古典や歴史、儒学に詳しい朝廷の役職者で、古典や過去の文献、先例などを調べ、ふさわしい由来がある元号の候補を考える役目を負う。そして、出典を添えた勘文《かんもん》という文書で報告する。

次に難陳が行われる。これは、公卿が列席する朝廷内で行われる会議で、それぞれの案について議論を行うことだ。使われる文字の掛け合わせや縁起、由来がどうかなど、細かな評議の末、優れていると思われる元号2案を選び、天皇に上奏する。天皇が1案を決め、新元号が決定するという流れだ。採用された案を考えた者が勘申者となるが、その多くは菅原道真の子孫だという。

明治以降は「一世一元の制」が定められ、「明治」は天皇がくじを引いた抽選によって決められたようであり、「大正」は枢密顧問、「昭和」は枢密院でそれぞれ審議されて元号が決定した。

昭和54年（1979年）には元号法が成立した。「平成」はこの元号法に基づいて改元の手続きが進められた最初の元号だ。選定の手順については、次ページの「新元号の成立過程」の図に沿って説明したい。

まず内閣総理大臣名で、考案委嘱が行われる。これは何名かの人に「候補名」を考えてもらうよう依頼することだ。主に大学教授など学識経験者だとされているが、誰に依頼するのかは公表されないため考案者は不明である。

次に、考案者から官房長官に、候補となる元号がいくつか提出される。たとえば、3人

新元号の成立過程

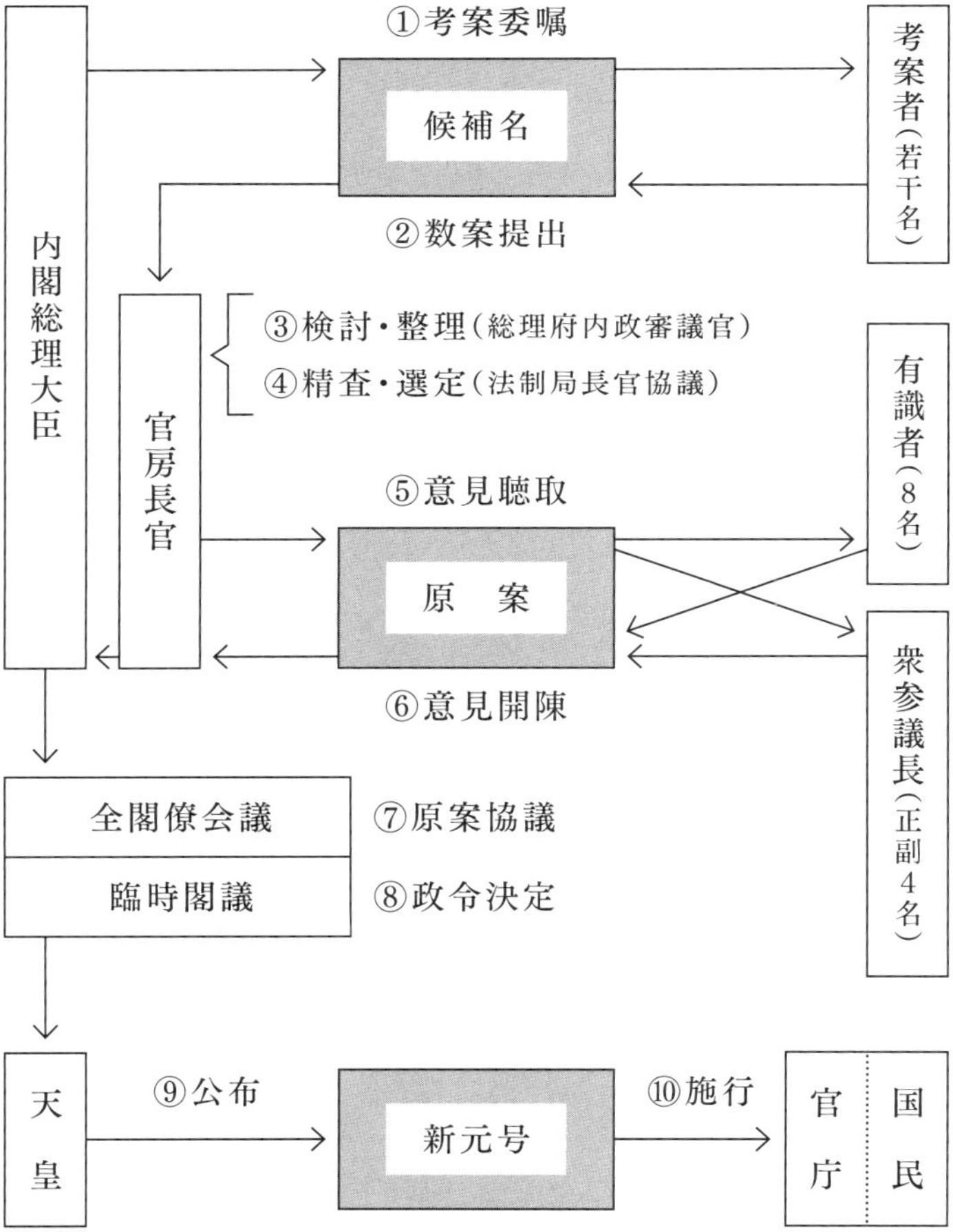

出典：所功他『元号 年号から読み解く日本史』文春新書に掲載の図を一部改変

が3つずつ出せば9つの「候補名」が出てくることになる。ここで一度、総理府内政審議官が検討・整理をし、法制局長官協議によって精査・選定される。

そして今度は、考案者とはまた別の有識者8人に対して「原案」についての意見聴取を行う。この有識者たちが、前例がないか、縁起がどうかなど、違った観点から精査を重ね、1位、2位と「原案」に優先順位を付けるとみられている。そして、衆参議長らからも意見を聞いた後、意見を開陳する。

総理は全閣僚会議にそれを諮って原案を協議し、臨時閣議で政令決定を命ずる。そこで最終的な元号が決まると天皇へ結果を奏上、ようやく正式に「新元号」は公布され施行を迎えるのだ。

元号の案を考える人と、それを精査する人がそれぞれ別に存在していることは、意外と知られていないのではないか。選定の細かな手法は異なるかもしれないが、政府が有識者に案を出してもらい、評議して決めるという大筋の流れは明治より前も明治以降も変わりはないと言えるだろう。

では、現在はどのくらいの期間をかけて元号を決めているのか。おそらく、平成に改元された時点で、すぐに誰かに委嘱されていたものと思われる。そうすると、10年前にはもう原案が上がっているだろう（2018年3月5日付の朝日新聞記事「改元直後からリスト準備」には、元政府関係者のそういった証言が掲載されている）。本書発売の頃には天皇にも知らされているはずだ。

元号決定のための精査や評議は、間違いのないように慎重を期すため、天皇が崩御してから始めるのでは時間が足りないことは明白だろう。新元号になった瞬間に、次の改元に向けた準備は始まるのだ。

「元号」が漢字2字の理由

元号法成立と同時に、新元号の具体的な選定法について「元号選定手続に関する要領」が定められた。この要領には、次のような留意事項がある。

1．国民の理想としてふさわしいようなよい意味を持つものであること
2．漢字2字であること

3. 書きやすいこと
4. 読みやすいこと
5. これまでに元号またはおくり名として用いられたものでないこと
6. 俗用されているものでないこと

現在は、この要領に基づいて元号は決められている。そのため、元号は2字と限定され、難しい漢字も使えない。

かつては、「天平感宝《てんぴょうかんぽう》」や「神護景雲《じんごけいうん》」といった4文字の元号も奈良時代には5例ほど存在し、「霊亀《れいき》」といったかなり書きにくい元号もあったことを思うと、わかりやすい2文字の元号のみというのは、元号の枠を狭めているようにも思われる。

元号法が成立したのは昭和であり、日本古来の元号の伝統という面から考えると、わかりやすい2字というのは、すぐれて新しい解釈だと言わざるを得ないだろう。

元号を、漢字2字の熟語だと思われている方もいるかもしれないが、元号は基本的に既成の熟語ではない。ある一連のセンテンスの中から、核になる言葉を2字選び、合成するのが一般的である。

たとえば、「平成」は『書経』の「地平天成」と、『史記』の「内平外成」という2つの出典から、また、「昭和」は『書経』の「百姓昭明、協和万邦」から2字を選んだものだ。いずれも熟語ではないことがわかるだろう。

元号の出典は、中国の古典である四書五経（『大学』『中庸』『論語』『孟子』の四書と、『易経』『書経』『詩経』『礼記』『春秋』の五経）がほとんどである。四書五経は儒教に関する文献の中でも重要視されているものである。古来の勘申者は漢学の研究をしている者が多かったため、その出典は中国古典から選ばれていたわけである。

現在では、これまでの中国の四書五経を卒業して、純粋な日本古典から選んでもいいのではないか、という意見も出ている。聖徳太子の十七条憲法や、嵯峨天皇の漢詩、あるいは近世・近代の文人の漢詩などから選ばれることも、これからは可能性があると私は感じている。

「元号」と「西暦」、一本化する必要はあるのか

近年、「日本でしか通じない『元号』は廃止し、グローバルに使える『西暦』に一本化すべきではないか」という意見が出ているのを耳にする。実際、キリスト教系の私立大学では、願書や授業で使う書類などに記載する日付は、西暦で統一しているところもあるようである。読者の皆様はどう思われるだろうか。

元号にまつわるさまざまな議論が活発になっている最中、先日、「運転免許証の期限、西暦・元号併記に」という記事が目にとまった（朝日新聞／2018年12月22日付）。

警察庁は、日本で運転免許証を保有する外国人が増えていることを受け、免許証の有効期限をこれまでの「元号」から、外国人にもわかりやすい「西暦」に表記を一本化する方向で検討を重ねていた。

しかし、パブリックコメントを実施したところ、2万件の意見が寄せられ、その8割が西暦だけの表記に否定的だった。この結果を踏まえて、警察庁は西暦に括弧付で元号を併記することを決めたという。

このニュースは非常に興味深いものだろう。ある意味、最も元号一本化を主張しそうな

警察庁のようなところが、西暦一本化で進める判断をしていたというから驚きだ。

だが、市民の間には西暦だけではなく、元号も記してほしいという声も多かったということである。それだけ元号が市民生活に馴染んでいるということであろう。たとえば、「1991年生まれです」と言われるより、「平成生まれです」と言われたほうがわかりやすく、ピンと来る人が多いということだ。元号と西暦が入り交って使われている、現在の日本の状況を象徴している出来事である。

では、西暦ではなく元号に一本化すればいいのだろうか。「歴史的な伝統に基づき、日本古来の元号を大切にするべき」といった意見も聞こえてくる。

ただ、ここまで説明してきたように、現在の元号制度が日本古来の歴史的な伝統に則したものかどうかと問われれば、明治より前と明治以降で大きく違うものと言わざるを得ない。最大の違いが「一世一元の制」である。

これは近代天皇制の成立とともに定められたものである。事実、明治天皇の父である孝明天皇の在位中には、「嘉永」「安政」「万延」「文久」「元治」「慶応」と6つの元号が使用されており、元号の〝本家〟である中国と比べても、日本のほうが頻繁に元号を変えていたくらいだ。

それらを踏まえると、「一世一元の制」による「明治」「大正」「昭和」「平成」という元号は、日本初の元号「大化」から「明治」までの1000年以上の歴史と比べたときに、古来の伝統に基づいているとも言いきれないであろう。

これからの「元号」のあり方

現在、元号一本化には根強い反対意見もある。明治期以降、「一世一元の制」になってからは、「国民の時間を天皇の生涯で区切るのはいかがなものか」といった論調で反対している人も少なくない。天皇崩御とともに改元することを思えば、そう言えなくもないだろう。

だが、今日、国民の大半は、自分たちの日常生活が天皇の生涯によって切り取られているとは思っていないのではないか。今回、天皇が皇太子に譲位する判断をされたことにともなって新元号に改められることに、あまり違和感を持たずにいる人がほとんどだろう。

だいぶ前のことになるが昭和43年（１９６８年）に、明治の改元から１００年を記念して、政府主催の「明治百年祭」が企画され、さまざまな式典やイベントが行われた。これに当時の文化人、知識人、あるいは民主的な立場の人は反対していた。

ところが、平成30年（２０１８年）には、明治の改元から１５０年を記念して同じようなイベントも僅かに行われたが、前回のような反対意見はあまり聞かれなかった。元号に対する国民の考え方も、時代とともに変わってきていると私は感じている。

このような現状を踏まえると、「元号廃止！」と切り捨てることも、「西暦禁止！　元号のみを使用！」とすることも、まずありえないし、また、あってはならないと思われる。

無理にどちらかに一元化する必要はないであろう。便利な形で双方が使われていけば問題ない。「どちらも使いたい、場合によって使い分けて、好きなほうを使えばいい」というのが多くの国民の心情であり、何か強制されるべきものではないはずである。

それに、元号法が存在するものの、元号はもっと自由でいいと私は思っている。古代の元号のように、２文字にこだわらなくても、また、読みやすさを優先しなくても、そして、頻繁に改元してもいいかもしれない。

たとえば、「東日本大震災が発生しましたが、時機を見て改元したほうがよかったと思いますか」とアンケートを取ったとしたら、未曽有の災害からの復興を願って、あるいは心機一転の出直しという意味で、「改元したほうがよかった」と答える人たちは決して少なくないと思われる。その意味で、現在のような制限のある元号法は、今後の時代の流れと国民意識の変化にともなって見直されていく可能性もあると思っている。

時代によって、人々の元号に対する捉え方はどんどん変わっている。白か黒かの議論ではなく、その時代にふさわしい元号のあり方を考え続けていくことが、重要ではないだろうか。

第 1 章

飛鳥時代・奈良時代の事件・出来事

飛鳥時代

大化《たいか》

期間 645年7月17日〜650年3月22日

天皇 孝徳天皇

日本史の教科書に初めて登場する政治改革が「大化の改新」であるが、この「大化」が日本における最初の元号だとされる。

●大化の改新　645年

きっかけは「乙巳《いっし》の変」と呼ばれる宮廷内のクーデターである。当時、朝廷で実権を握っていたのが蘇我蝦夷《そがのえみし》、蘇我入鹿《いるか》の親子をはじめとする蘇我氏一族だった。蘇我氏の専横を正そうと立ち上がったのが、中大兄皇子《なかのおおえのおうじ》と中臣（藤原）鎌足《かまたり》である。2人は宮中で蘇我入鹿を暗殺し、蘇我蝦夷を自決に追い込んだ。

これを機に大臣・大連制度を廃止し、左大臣・右大臣制度を設置した。阿倍内麻呂《あべのうちまろ》を左大臣、「乙巳の変」に功績のあった蘇我倉山田石川麻呂《そがのくらやまだのいしかわのまろ》を右大臣にし、中臣鎌足を最高顧問である内臣《うちつおみ》に起用した。藤原氏の祖となった鎌足とは対照的に、蘇我氏の勢力はこの一件から衰退していった。

「乙巳の変」の後に、皇極天皇は軽皇子《かるのみこ》に譲位し、即位した孝徳天皇によって、「大化」の元号は定められた。皇太子となった中大兄皇子が中心となって進められたのが「大化の改新」である。難波長柄豊碕宮《なにわながらとよさきのみや》に遷都し、大化2年（646年）に発せられた「改新の詔《みことのり》」の中身は、中国の制度の導入がその中心であったが、その一環で、元号も取り入れられることになったと思われる。

戸籍をつくり、土地を公有化して民に貸し与える班田収授法、租・庸・調の税制の整備など、律令制の導入を目指したものだった。こうして、中央集権的な国家体制への足掛かりとなる改革が次々に行われたのである。

白雉《はくち》

期間
650年3月22日〜654年11月24日

天皇
孝徳天皇

※孝徳天皇が崩御してからは「白雉」の元号は使われなくなった。

白鳳《はくほう》
朱雀《すざく》

期間
詳細不明（654年〜686年？）

天皇
斉明天皇、天智《てんぢ》天皇、弘文天皇、天武天皇

出来事
白村江の戦い、壬申の乱

※即位した斉明天皇は元号を定めなかったので、686年の「朱鳥」まで元号はない。ただ、「白鳳」と「朱雀」という元号が使われていたという資料もある。『日本書紀』など公式な史書に記載がないため、私年号という扱いになる。「白鳳」は「白雉」の異称という説もある。

朱鳥《しゅちょう》

期間 686年8月14日～?

天皇 天武天皇、持統天皇

※私年号という説と、前代の「朱雀」の異称という説があり、いつまで使われたのかはっきりしない。

どのような時代だったか

古代において重要な出来事がこの時代に2つ起こっている。1つは「白村江の戦い」だ。これは日本史上において最初の対外戦争とされている。当時の朝鮮半島は百済、新羅、高句麗の三国に分かれていたが、660年に唐・新羅によって百済が滅ぼされてしまう。

日本は古くから縁が深かった百済の復興を支援すべく、663年、阿曇野比羅夫《あずみのひらふ》、阿倍比羅夫《あべの》らを指揮官として、約3万人にも上る兵士を朝鮮半島へと送り込む。そして現在の錦江《きんこう》の河口にある白村江で、唐・新羅の連合軍と衝突した。

だが、その結果は惨敗。日本軍の多くは、統制の取れていない地方豪族の寄せ集め集団だったことが敗因とされる。

これを危惧した中大兄皇子は、中央集権体制を強固なものにするため準備を進めていく。668年に即位し、天智天皇となると、全国規模としては初めての戸籍となる「庚午年籍《こうごねんじゃく》」をつくらせるなどした。

国家体制を整えるべく尽力した天智天皇が671年に崩御すると、その息子・大友皇子《おおとものみこ》と、天智天皇の弟・大海人皇子《おおあまのみこ》の間で皇位継承をめぐり対立するようになる。

672年6月、大海人皇子は朝廷に不満を抱く地方豪族たちを味方につけ、「壬申の乱」を起こす。壬申は、その年の干支から付けられており、この時代のもう1つの重要な出来事である。九州から東国まで発展したこの大乱は、大友皇子の自決で終結する。

翌年、戦いに勝利した大海人皇子は即位し、天武天皇となる。天武天皇はさらなる律令制の強化に努め、「八色《やくさ》の姓《かばね》」を制定して新しい身分秩序を構築したのだった。

大宝《たいほう》

期間 701年5月3日〜704年6月16日
天皇 文武《もんむ》天皇

●大宝律令　701年

697年8月、草壁皇子《くさかべのみこ》の子で天武天皇の孫にあたる文武天皇の即位後、701年3月に対馬から金が献上されたことがきっかけとなり、「大宝」の元号が付けられた。

681年に天武天皇から制定を命じる詔が発せられ、編纂が進められていた律令が大宝元年（701年）8月3日に完成を迎える。中心となって編纂したのが、刑部《おさかべ》親王や藤原不比等《ふひと》だ。不比等は藤原鎌足の子である。

犯罪と刑罰に関する「律」が全6巻、行政法および民法などにあたる「令」が全11巻、あわせて「大宝律令」と呼ばれる。「日本」という国号が定着したのもこの頃である。

翌大宝2年（702年）10月14日に頒布され、その後施行された。

慶雲《けいうん》

期間 704年6月16日～708年2月7日

天皇 文武天皇、元明《げんめい》天皇

和銅《わどう》

期間 708年2月7日～715年10月3日

天皇 元明天皇

●和同開珎《かいちん》　708年

『続日本紀』によれば、武蔵国（現在の埼玉県と東京都）の秩父郡から銅が献上されたことで「和銅」と改元された。それほど、当時、銅とは貴重品であったのだ。

和銅とは、とても純度の高い自然銅のことで、和銅元年（708年）にこの銅を使って、日本で最初の流通貨幣、「和同開珎」が鋳造された。銅銭の他、銀銭も発行されたという。

唐の長安をモデルとする奈良の平城京へ、和銅3年（710年）に遷都が行われた。翌年には、貨幣流通を促すため、銭を貯めて納めた者に位を授ける蓄銭叙位令《ちくせんじょいれい》と、私鋳銭《しちゅうせん》（贋金《がんきん》）の禁止令が出された。

また、この時期に成立したのが、現存する最古の国史である『古事記』であった。

奈良時代

霊亀《れいき》

期間
715年10月3日～717年12月24日

天皇
元正天皇

出来事
遣唐使の派遣

養老《ようろう》

期間
717年12月24日～724年3月3日

天皇
元正天皇

出来事
三世一身の法

●養老律令　757年

孝謙天皇の時代である天平宝子元年（757年）5月に施行された。構成は律10巻12編と、令10巻30編である。大宝律令に続く律令として施行されたものだ。

藤原不比等らによる編纂で、大宝元年（701年）に成立した大宝律令だが、その後も不比等らは日本の国情に適合した内容にするため、改修作業を継続していた。

ところが、養老4年（720年）の不比等の死により、律令撰修はいったん停止。その後、藤原仲麻呂の主導によって天平宝子元年に改修が中断していた新律令が施行されることとなった。これが「養老律令」である。平安時代に入ると格や式の制定などによってこれを補ってきたが、平安中期までにほとんど形骸化した。

神亀《じんき》

期間
724年3月3日～729年9月2日

天皇
聖武天皇

出来事
長屋王《ながやおう》の変

天平《てんぴょう》

期間
729年9月2日～749年5月4日

天皇
聖武天皇

●天平文化　729年～749年

聖武天皇によって進められた、奈良・東大寺の盧遮那《るしゃな》大仏の造立の背景には、情勢不安が影響していた。聖武天皇は地方の各国に国分寺と国分尼寺の設置を命じ、また興福寺の阿修羅像がつくられるなど、仏教の普及によって民の心に平穏を与えたいと考えた。奈良時代中期より天平年間に興ったこうした仏教文化のことを「天平文化」という。

政情不安が広がり始めたのは、藤原四兄弟の台頭からである。不比等の子である武智麻呂《むちまろ》、房前《ふささき》、宇合《うまかい》、麻呂の四人の兄弟たちだ。彼らと対立した長屋王は、神亀6年（729年）に謀叛《むほん》を密告され自害に追い込まれた。

ところが、天平9年（737年）に流行した天然痘により、四兄弟は全員亡くなってしまう。長屋王の祟りとささやかれたが、これを機に藤原氏は一時的に衰退。代わって皇族出身の橘諸兄《たちばなのもろえ》が朝廷で力をつけていった。

藤原氏の冷遇に不満を募らせた宇合の子・広嗣《ひろつぐ》は、九州で「藤原広嗣の乱」を起こす。左遷されていた大宰府から京都へ侵攻しようとしたが、聖武天皇は1万7000の兵で鎮圧させた。

こうした反乱や収まらない疫病などによる情勢不安を受け、聖武天皇は大仏の造立を決めていったのだ。

天平感宝《てんぴょうかんぽう》

期間 749年5月4日～749年8月19日

天皇 聖武天皇

天平勝宝《てんぴょうしょうほう》

期間 749年8月19日～757年9月6日

天皇 孝謙天皇

出来事 東大寺の大仏開眼・正倉院完成、鑑真の来日

天平宝字《てんぴょうほうじ》

期間 757年9月6日～765年2月1日

天皇 孝謙天皇、淳仁《じゅんにん》天皇、称徳天皇

出来事 藤原仲麻呂の乱

どのような時代だったか

奈良時代の元号には4文字のものが5つある。これには中国の元号の影響を受けているのではないかという説がある。当時の中国では、女帝の則天武后《そくてんぶこう》が「天《てん》冊万歳《さくばんざい》」「万歳登封《ばんざいとうほう》」などの4文字の元号を用いており、その影響で日本の元号にも4文字のものが登場したのではないかとされている。

初の4文字元号「天平感宝」は、聖武天皇の退位によりわずか3カ月で改元されてしまう。阿倍内《あべの》親王が即位し、孝謙天皇となって「天平勝宝」に改元されたのだが、これが代始改元の最初の例とされている。

天平神護《てんぴょうじんご》

期間 765年2月1日〜767年9月13日

天皇 称徳天皇

聖武天皇の后・光明皇后が後見役を務めたが、光明皇后の甥である藤原仲麻呂が台頭し、皇太子だった道祖王《ふなどおう》を廃位に追い込むと、天平宝字2年（758年）には大炊王《おおいおう》を淳仁天皇として擁立したのだ。仲麻呂は恵美押勝《えみのおしかつ》と改名し、太師（太政大臣）になった。

天平宝字8年（764年）、押勝は孝謙上皇と上皇が寵愛していた僧の道鏡《どうきょう》に対する反乱を企てる。「藤原仲麻呂（恵美押勝）の乱」だ。しかし、この戦いに敗れて押勝は斬殺されてしまう。孝謙上皇は称徳天皇として再び即位し、押勝を支持した淳仁天皇は廃位され、淡路島に流されたのだった。

神護景雲《じんごけいうん》

期間　767年9月13日～770年10月23日

天皇　称徳天皇

出来事　道鏡の皇位事件

宝亀《ほうき》

期間　770年10月23日～781年1月30日

天皇　光仁《こうにん》天皇

●宝亀の乱　780年

宝亀11年（780年）、陸奥国府に仕える夷俘《いふ》（朝廷に従った蝦夷の呼称）の指導者・伊治呰麻呂《これはるのあざまろ》が、大和朝廷に対して起こした反乱である。首謀者の名から、伊治呰麻呂の乱とも言われている。

呰麻呂は陸奥国上治郡の郡司（大領）となり、蝦夷征討の功を認められ、宝亀9年（778年）に外従五位下に叙されていた。はじめは呰麻呂を嫌っていた陸奥国の官職・按《あ》察使《ぜち》の紀広純《きのひろずみ》だが、その後は大いに信頼したという。

しかし、同じ蝦夷でも俘囚《ふしゅう》（夷俘以上に朝廷に服属していた蝦夷の呼称）出身の牡鹿郡大領の道嶋大盾《みちしまのおおたて》は、夷俘の出身である呰麻呂を見下し、呰麻呂は大盾に対して深い恨みを抱いていた。

宝亀11年、新たな城柵《じょうさく》（朝廷の拠点）の建設を紀広純が建議し、その際に伊治城を訪れた。この機会に呰麻呂は、俘囚の軍を動かして反乱を起こした。まず大盾を殺し、次に広純を多勢で囲んで殺害した。こうした反乱に朝廷側の対策は整わず、戦闘は拡大し、長期間にわたる戦乱に発展したと言われている。

乱の終了については記録がないため不明な点が多いのだが、同年9月には藤原小黒麻呂《おぐろまろ》が持節征東大使として2000の兵を率いて出兵。敵の要害を遮断したと伝わる。翌天応元年（781年）6月には現地軍を解散、8月に帰京し正三位に叙せられ、征伐を終えて朝廷に戻ったとの記述が『続日本紀』に見られる。

天応《てんおう》

期間 781年1月30日～782年9月30日

天皇 光仁天皇、桓武《かんむ》天皇

延暦《えんりゃく》

期間 782年9月30日～806年6月8日

天皇 桓武天皇

出来事 平安京遷都、蝦夷平定

●延暦寺創建　788年

最澄は比叡山に「延暦寺」を創建した。延暦7年（788年）のことである。その後、最澄は空海とともに唐に留学した。

延暦寺は、織田信長が歴史の表舞台に登場するまでは日本仏教の中心地となった。実際、平安時代の末期から鎌倉時代にかけて、法然（浄土宗開祖）、親鸞（浄土真宗開祖）、栄西（臨済宗開祖）、道元（曹洞宗開祖）、日蓮（日蓮宗開祖）といった新仏教の開祖たちが、若い頃に延暦寺で修行していた。

どのような時代だったか

桓武天皇の即位にともない改元された「延暦」。奈良の都では政争が絶え間なく、東北では蝦夷の反乱が相次いでいた。桓武天皇は「新しい政《まつりごと》をしなければ」という決意を持って改元したはずだ。

そこで、延暦３年（７８４年）には、平城京から京都の長岡京へ遷都した。これは、天武天皇の血統に関連する貴族や寺社勢力が多い平城京を、桓武天皇が嫌ったからである。桓武天皇は天智天皇の血統にあたった。

しかし、遷都の翌年、長岡京の建設を指導していた藤原種継《たねつぐ》の暗殺によって、いったん建設は中止となった。そして、10年後の延暦13年（７９４年）に再び遷都が行われ、京都の平安京が都になった。

京都の平安京が都になった背景には、桓武天皇の弟の早良《さわら》親王の祟りではないかと思われる現象が相次いだからだ。種継の暗殺事件では、関与を疑われた早良親王は淡路島に配流され、その地で最期を迎えた。その直後から、水害、疫病などが続いたのである。この不吉な現象が起きたことで、長岡京は放棄されることになった。

一方、東北では蝦夷の有力な指導者である阿弖流為《あてるい》が反乱を起こした。延暦13年、朝廷は征夷大将軍の大伴弟麻呂《おおとものおとまろ》と副将軍の坂上田村麻呂《さかのうえのたむらまろ》を10万の兵とともに派遣させた。途中から征夷大将軍の地位を引き継いだ田村麻呂は、延暦21年（802年）に蝦夷の反乱軍を降伏させたのだった。

第 2 章

平安時代の事件・出来事

平安時代

大同《だいどう》

期間
806年6月8日〜810年10月20日

天皇
平城《へいぜい》天皇、嵯峨天皇

出来事
天台宗（最澄）・真言宗（空海）の創始

弘仁《こうにん》

期間
810年10月20日〜824年2月8日

天皇
嵯峨天皇、淳和《じゅんな》天皇

出来事
薬子《くすこ》の変

●弘仁・貞観文化　810年〜877年

弘仁・天長・承和の30年間（810年〜840年）にわたり、天皇・上皇を務めた嵯峨天皇が栄華を極めた時代に、平安京を中心に花開いたのが「弘仁・貞観文化」だ。嵯峨天皇は書の達人として有名であり、同時期に同じく達筆で知られた橘逸勢《たちばなのはやなり》、空海とあわせて「三筆」と讃えられていた。

遣唐使などを通して伝わった中国文化の影響を強く受けていて、その中心は貴族たちだった。宮廷儀礼と文学が盛んで、年中行事の次第を定めた「内裏式」をはじめ、漢詩をまとめた勅撰集もつくられた。嵯峨天皇、続く淳和天皇、仁明《にんみょう》天皇らは自ら詩作も行ったという。

その後の清和天皇の時代には仮名も使われるようになり、六歌仙（僧正遍照《そうじょうへんじょう》、在原業平《ありわらのなりひら》、文屋康秀《ふんやのやすひで》、喜撰《きせん》法師、小野小町、大友黒主《おおとものくろぬし》）に人気が集まった。

この時代は天台宗や真言宗などの密教も盛んで、如意輪観音や不動明王などの像が数多くつくられた。室生寺《むろうじ》の五重塔、教王護国寺《きょうおうごこくじ》（東寺）の五大明王像、神護寺《じんごじ》の両界曼荼羅《りょうかいまんだら》などの仏教美術には、仏教と神道が融合した神仏習合《しんぶつしゅうごう》の傾向も強く見られた。

天長《てんちょう》

期間 824年2月8日~834年2月14日

天皇 淳和天皇、仁明天皇

どのような時代だったか

嵯峨天皇は兄である平城天皇から皇位を譲り受けて、大同5年（810年）に自らの秘書役として蔵人所《くろうどどころ》を設け、そのトップに藤原冬嗣《ふゆつぐ》を就けて蔵人頭《くらうどのとう》とした。摂関政治の藤原道長に繋がる「藤原北家」台頭のきっかけとなった。

この前後、平城上皇と嵯峨天皇との対立が次第に激しくなり、弘仁元年（810年）に「薬子の変」が起きた。この事件は、平城上皇を復位させようとした事件で、その首謀者である上皇の寵愛を受ける藤原薬子と、兄の藤原仲成《なかなり》が処罰された。この変によって、「藤原式家」は没落していったのである。

承和《じょうわ》

期間 834年2月14日～848年7月16日

天皇 仁明天皇

●承和の変 842年

平安時代初期の頃に頻発した「変」の多くに、藤原氏が関わっている。藤原氏の権力独占のため、他家あるいは同族内での政争の結果が「変」と言える。

承和9年（842年）に起こった「承和の変」もまた、藤原北家の藤原良房《よしふさ》の陰謀ではないかと言われている。良房は、自分の妹・順子《のぶこ》と仁明天皇の間に産まれた道康《みちやす》親王を皇太子にさせようと考えていた。

一方で、良房と対立していた伴健岑《とものこわみね》、橘逸勢らは、皇太子・恒貞《つねさだ》親王に仕えていた。恒貞親王の父・淳和上皇、さらに嵯峨上皇が相次いで崩御し、危機感を覚えた2人は恒貞親王を東国へ移すことを考えた。

だが、この計画はすぐに漏れて、恒貞親王擁立を考え、反乱を企てたという嫌疑をかけられる。その結果、2人は流罪になり、恒貞親王も皇太子を廃されて失脚したのだった。

それから皇太子となったのが、先の道康親王だ。藤原氏の力を磐石なものとすべく、良房はさらに娘・明子を道康親王のもとに入内《じゅだい》させる。2人の間に誕生するのが、のちの清和天皇であり、藤原氏の権力独占はより強化されたのだった。

嘉祥《かしょう》

期間 848年7月16日～851年6月1日

天皇 仁明天皇、文徳天皇

仁寿《にんじゅ》

期間 851年6月1日～854年12月23日

天皇 文徳天皇

斉衡《さいこう》

期間
854年12月23日～857年3月20日

天皇
文徳天皇

天安《てんあん／てんなん》

期間
857年3月20日～859年5月20日

天皇
文徳天皇、清和天皇

貞観《じょうがん》

期間
859年5月20日～877年6月1日

天皇
清和天皇、陽成《ようぜい》天皇

出来事
応天門《おうてんもん》の変

●貞観地震　869年

仁寿・斉衡・天安・貞観の26年間は災害続きの時代だった。

疫病が各地に広がった仁寿3年（853年）には、稲を納める「租」を除き、労働の奉仕と物納による「庸」と各地の特産品を納める「調」について、承和10年（843年）より前の未納分が免除されたのである。

斉衡2年（855年）には地震が発生し、奈良・東大寺の大仏が損傷してしまう。さらに、天安2年（858年）5月には、平安京の東西を流れる桂川と賀茂川が洪水となり、窮民が多数発生したと言われている。

貞観年間に入っても天災は続いた。貞観6年（864年）に富士山が大噴火し、この噴火によって現在の富士五湖ができた。

続いて貞観11年（869年）5月には、東北地方で「貞観地震」が発生した。陸奥国府のある多賀城をはじめ、三陸沿岸が津波で非常に大きな被害を受けた。平成23年（2011年）3月11日の東日本大震災の際に、「1000年に一度の大地震」と言われたが、その1000年前の大地震がこの地震だったのではないかとされている。

どのような時代だったか

自然災害が頻発し、多くの民衆が苦しんでいたこの時代は、権力闘争が激化した時代でもあった。その象徴的な事件が、貞観8年（866年）の「応天門の変」である。

天安2年（858年）、わずか9歳の清和天皇が即位し、清和天皇の外祖父になった藤原良房が後見人となった。その良房が、宮中での実権をさらに掌握するために起こした他氏排斥の事件である。

大内裏《だいだいり》の応天門が放火され、大納言の伴善男《とものよしお》は左大臣の源信《みなもとのまこと》を疑ったが、良房の進言により無罪となった。その後、逆に善男親子に疑いの目が向けられ、伴父子は流罪にされた。

さらに、親族が善男に仕えていた紀夏井《きのなつい》も連座で流罪。結果的に古代からの名族であった伴氏（大伴氏）と紀氏は没落し、有力な政敵がいなくなった良房は皇族以外で初めて摂政になった。藤原氏はこれ以降、摂政と関白に就く「摂関政治」を始めるのである。

元慶《がんぎょう/げんけい》

期間 877年6月1日〜885年3月11日

天皇 陽成天皇、光孝《こうこう》天皇

●元慶の乱　878年

元慶年間の初頭は天候不順に見舞われ、干ばつにより全国的に飢饉に襲われた。そこで、各地にあった稲穀で満載となっている倉・不動穀《ふどうこく》を開き、賑給《しんごう》（高齢者や病人、困窮者に稲穀を支給すること）が実施された。記録にはないが、東北地方もまた例外ではなかったと考えられている。

困窮に加えて、それまでの苛政による不満が重なり、元慶2年（878年）3月、出羽国の夷俘が蜂起した。「元慶の乱」である。

まず秋田城を急襲すると、秋田城司は防戦しかねて逃亡し、出羽守だった藤原興世《おきよ》も逃亡してしまった。これを受けて、朝廷は下野国、上野国、陸奥国、出羽国より7000の兵を集めて鎮圧しようとした。しかし、官軍は大敗し、反乱は拡大。秋田城下12村が夷俘の支配に落ちた。

朝廷は藤原保則《やすのり》を出羽権守に任じて討伐にあたらせた。保則は備中国、備前国の国司として善政を行った人物だったという。保則は、上野国兵600人と俘囚300人という寡兵をもって襲撃に備え、そのうえで不動穀を賑給して夷俘の反乱軍に仁政を行った。この寛大な施策によって、夷俘兵は次々と降伏し、保則は来降を許した。

しかし朝廷は、元慶3年（879年）1月に討伐を強行しようとした。これに対し保則は、寛大な政策によって逃亡した夷俘の還住を促すことが上策であると意見したのだ。朝廷はこの意見を受け入れ、3月に乱は鎮まった。反乱の鎮撫を保則は寛政によって成功させたのである。

この成功の背景には、坂上田村麻呂の時代のような武力鎮圧によって夷俘を制圧できなくなった朝廷の力の低下があったと見られる。

仁和《にんな》

期間　885年3月11日～889年5月30日

天皇　光孝天皇、宇多《うだ》天皇

寛平《かんぴょう／かんぺい》

期間　889年5月30日～898年5月20日

天皇　宇多天皇、醍醐《だいご》天皇

出来事　遣唐使廃止

●寛平の治　891年～898年

藤原氏との姻戚関係がなかった宇多天皇の即位により改元された。寛平3年（891年）に、関白だった藤原基経《もとつね》が死去。それ以降、宇多天皇は、藤原時平、菅原道真らを重用し、天皇自ら親政を執った。そのため、摂政、関白は置かれなかった。

この時期の政治は「寛平の治」と呼ばれ、律令制の立て直しがはかられた。対外関係では、新羅からしばしば海賊が襲来した。これは唐だけでなく朝鮮半島の内政も悪化したためである。それにより九州の防備が強化された。こうした海外情勢の中で、寛平6年（894年）、菅原道真は遣唐大使に任命されるが、遣唐使の実質的な廃止を決める。

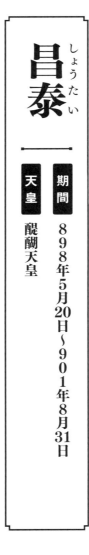

昌泰《しょうたい》

期間 898年5月20日～901年8月31日

天皇 醍醐天皇

●昌泰の変　901年

醍醐天皇の即位により改元された。醍醐天皇もまた宇多天皇同様に、藤原氏との姻戚関係がなかった。そのため自ら親政を執った。

しかし、その親政の陰で、左大臣の藤原時平は、昌泰2年（899年）に右大臣にまで昇進した菅原道真を政敵と見なしていた。血筋や家柄で昇進した時平にとって、学識によって異例の出世をした道真は許しがたい存在だったのである。

そして、昌泰4年（901年）に「昌泰の変」が起こる。この事件は、時平の陰謀との説が根強くある。

道真は、自分の娘婿である斉世《ときよ》親王を擁立しようとしたとの謀反の嫌疑をかけられ、九州の大宰府に左遷されてしまった。その2年後、悲運の秀才・道真はさびしくこの世を去った。

こうした平安京の政争をよそに、地方では民衆による抵抗が飽くことなく繰り返されていた。

昌泰2年、足柄峠・碓氷《うすい》峠に「関」が設置された。この設置の背景には、「僦馬《しゅうば》の党」の反乱がある。

当時の調庸の運搬だが、西日本と日本海沿岸の地域では主に舟運が中心だったが、東国では馬牧に適した地域が多かったので、馬による運送が発達した。この運送の際に、群盗による収奪が頻繁に起こり、東国では自ら武装して租税等の運輸をする「僦馬の党」という集団が生まれた。

しかし、のちには、「僦馬の党」自らも他の「僦馬の党」を襲い、荷や馬の強奪をするようになった。東海道足柄峠や東山道碓氷峠などの交通の難所で襲う場合が多かったため、「関」が置かれたのである。

延《えん》喜《ぎ》

期間 901年8月31日～923年5月29日

天皇 醍醐天皇

出来事 延喜の荘園整理令

※昌泰4年（901年）は干支が「辛酉《かのととり》」の年。古代の中国では、この年は王朝が代わる「辛酉《しんゆう》革命」が起こるとされて、それを防ぐための改元が行われていた。この影響で、日本初の「辛酉革命」による改元だった。

●延喜の治　901年〜923年

親政によって律令制を引き締め直そうとした醍醐天皇は、延喜2年（902年）に「延喜の荘園整理令」を出した。この整理令は、天皇家直属の勅旨田《ちょくしでん》や貴族や寺社による荘園の拡大を制限したものだった。

荘園の拡大は、公領の減少によって国家の財政に深刻な打撃を与えていたからであった。平安時代にはこれ以降も何度か荘園整理令が出されている。

また、弘仁格式、貞観格式に続き、「延喜格式」が制定された。「格式」とは律令を補足する法令のことである。醍醐天皇による親政が続けられた要因の一つに、有力者・藤原時平が延喜9年（909年）に39歳で没したことが挙げられる。

この時代は、都では落雷や疫病が多発し、これらは菅原道真の祟りだと盛んに言われた。そこで、時平の弟・仲平《なかひら》は大宰府まで下向し、道真の霊を祀る社殿「天満宮」を築いた。

しかしながら、延喜15年（915年）には、出羽国で十和田湖火山の大噴火が発生した。このとき噴出した火山灰は広範囲に散らばり、平安京では、朝を迎えても夜のように薄暗い様子だったと記録されている。

延長《えんちょう》

期間　923年5月29日～931年5月16日

天皇　醍醐天皇、朱雀天皇

承平《じょうへい／しょうへい》

期間　931年5月16日～938年6月22日

天皇　朱雀天皇

天慶《てんぎょう／てんきょう》

期間　938年6月22日～947年5月15日

天皇　朱雀天皇、村上天皇

●承平天慶の乱　９３１年〜９４７年

10世紀前半の日本は、平安からはほど遠い世界だった。

東国では群盗が、西国では海賊がはびこり、数年おきに疫病が流行、京都では地震が発生していた。また、ここで触れる「平将門《たいらのまさかど》の乱」「藤原純友《ふじわらのすみとも》の乱」という、日本の東西で戦乱が起こった時代だった。そのため改元を繰り返したが、戦乱はますます拡大していった。

最初に触れる「平将門の乱」は、関東で起きた反乱だった。桓武天皇賜姓の平氏一族は関東に根をはり、次第に侮りがたい力を蓄えていた。その中で、平将門は承平年間に一族との内紛を続けていたが、天慶2年（９３９年）に常陸国《ひたちのくに》の国府とも衝突することになった。

将門は国府の軍を破り、その戦況を見ていた関東の武士たちが将門のもとに集まった。勢いに乗った将門は、関東一円を支配下に置き、自らを「新皇《しんのう》」と名乗ったのである。将門は、朝廷からの独立した政権を打ち立てようとした。それほど国司の支配に不満を抱いていたのである。この独立政権に、東国の武士も、民も従った。

同じ頃、瀬戸内海では、海賊たちが荘園から都に運ばれる物資を略奪していた。もともと貧しい漁民が海賊となり、徒党を組み、略奪をしていたのである。朝廷支配に不満を持っていたのだ。

その討伐のため、朝廷は海賊たちが根城にする伊予国《いよのくに》に藤原純友を派遣した。しかし、待遇に不満を持つ純友は、現地の海賊たちを味方として、朝廷に反逆の烽火を上げた。

こうして、関東と瀬戸内海の2カ所で同時に発生した大規模な反乱は、朝廷を震撼させた。幾たびかの征討軍を送るも失敗続きだったが、天慶3年（940年）と翌天慶4年（941年）にそれぞれの乱は鎮圧された。

将門に殺された平国香《くにか》の息子・平貞盛《さだもり》らは、下総《しもうさ》にあった将門の拠点を攻撃した。将門は、藤原秀郷《ひでさと》によって討ち取られたのである。

一方、純友は瀬戸内海から九州北部の沿岸で朝廷軍と戦ったが、博多湾の戦いで敗北。本拠地の伊予に戻ったところで討ち取られた。

平将門の乱と藤原純友の乱は、前元号である承平年間からあわせて「承平天慶の乱」と呼ばれる。

この反乱の鎮圧で武勲を挙げた平貞盛の子孫は本拠地を伊勢に置き、のちに平清盛が現れた。藤原秀郷の子孫は関東に根付き、秀郷は坂東武者から尊敬された。この一族からは、奥州藤原氏が生まれている。また、平定に参加した源経基《つねもと》の子孫から源頼朝らが現れた。「承平天慶の乱」は源平二氏が躍進する武士台頭の烽火を上げた戦いだったのだ。

天暦《てんりゃく》

期間 947年5月15日～957年11月21日

天皇 村上天皇

●天暦の治　950年～967年

天慶9年（946年）に即位した村上天皇の治世は当初、関白太政大臣の藤原忠平の一族による政権支配にあった。左大臣に忠平の長男・実頼《さねより》、右大臣に次男・師輔《もろすけ》という布陣だった。

しかし、天暦3年（949年）に忠平が没して以降は、村上天皇は関白や摂政、太政大臣を置かず、財政再建のために租税の確保と倹約に注力し、文芸を奨励した。こうして天皇親政を17年続け、醍醐天皇の治世とあわせて「延喜・天暦の治」と呼ばれる時代をつくった。

天徳《てんとく》

期間 957年11月21日～961年3月5日

天皇 村上天皇

応和《おうわ》

期間 961年3月5日〜964年8月19日

天皇 村上天皇

●応和の宗論　963年

応和3年（963年）8月に、村上天皇が天台宗の10師と法相宗の10師を宮中に招き、法華講を開いたときに起こった論議を「応和の宗論」という。天台宗と法相宗との宗論はこれが初めてではなく、平安時代初期の弘仁8年（817年）前後から弘仁12年（821年）頃に、天台宗の祖・最澄と法相宗の僧侶・徳一《とくいつ》との間でも行われていた。

村上天皇が開いた法華講の際には、天台宗は一切の衆生は成仏することができると説いたのに対し、法相宗は五性各別《ごしょうかくべつ》（人の五性は決まっていて変えることができないという考え）により成仏しないもののあることを主張した。

この論争の中で、天台宗の良源と法相宗の仲算《ちゅうざん》の間の論争がよく知られている。結局、論争に決着がつくことはなかった。

康保《こうほう》

期間 964年8月19日〜968年9月8日

天皇 村上天皇、冷泉《れいぜい》天皇

安和《あんな／あんわ》

期間 968年9月8日〜970年5月3日

天皇 冷泉天皇、円融《えんゆう》天皇

●安和の変　969年

「安和」は、冷泉天皇の即位にともない改元された元号である。その治世だが、関白太政大臣の藤原実頼と左大臣・源高明《たかあきら》、右大臣・藤原師尹《ものただ》の三頭体制によって政務が行われていた。ただ、政務の陰では熾烈なる権力闘争が渦巻いていた。

源高明の勢力拡大を恐れた藤原実頼の暗躍によって起こったのが、安和2年（969年）

の「安和の変」である。そのあらましはこれまでの「変」に近いものだった。

簡単に触れると、子どもがなかった冷泉天皇には、守平《もりひら》親王と為平《ためひら》親王という2人の弟がいたが、皇太子は藤原実頼が推す守平親王になった。そこに、源高明は自分の娘婿である為平親王の擁立を画策しているという密告があった。この謀反の密告によって、源高明は大宰府に左遷された。密告をした源満仲は正五位下に昇進し、その後、清和源氏は京での勢力を伸ばしていった。

このように、藤原氏による源高明の追い落としによって、藤原氏が摂政・関白を独占する体制が確立されたのである。この政変後、同年に冷泉天皇は退位し、守平親王が即位して円融天皇となっている。

天禄《てんろく》

期間 970年5月3日～974年1月16日

天皇 円融天皇

天延《てんえん》

期間
974年1月16日～976年8月11日

天皇
円融天皇

貞元《じょうげん》

期間
976年8月11日～978年12月31日

天皇
円融天皇

天元《てんげん》

期間
978年12月31日～983年5月29日

天皇
円融天皇

どのような時代だったか

「安和の変」で政敵がいなくなった藤原氏だが、天禄3年（972年）に藤原伊尹《これただ》の死後、弟の兼通《かねみち》と兼家《かねいえ》との間で後継争いが起こった。争いの結果、兼家が関白と内大臣になった。

この時期、自然災害が引き続き発生していた。天延3年（976年）6月には、京都で地震が起こり、西寺、東寺などが倒壊。天元3年（980年）7月には、京都は暴風雨に見舞われ、羅城門なども倒壊した。さらに、同年、内裏が火災によって焼失。翌年には再建されたものの、その翌年にまた内裏は焼失してしまった。

永観《えいかん》

期間
983年5月29日～985年5月19日

天皇
円融天皇、花山《かざん》天皇

出来事
永観の荘園整理令

寛和《かんな／かんわ》

期間
985年5月19日～987年5月5日

天皇
花山天皇、一条天皇

出来事
天台宗・源信《げんしん》が浄土教の教えの基となる『往生要集《おうじょうようしゅう》』を著す

●寛和の変　986年

花山天皇は、永観2年（984年）に「永観の荘園整理令」を発令し、延喜2年（902年）以降にできた荘園は停めることを定めたり、貨幣流通の活性化を行うなど、急進的な施策を次々に行っていたが、皇太子・懐仁《やすひと》親王の外祖父である関白の藤原兼家に煙たがられていた。

そんな最中、花山天皇は寵愛した女御《にょうご》の死によって出家を考えるようになり、寛和2年（986年）には退位してしまう。これを機に、兼家はまだ7歳の懐仁親王を一条天皇として擁立した。この政変を「寛和の変」と呼ぶ。

永延《えいえん》

期間　987年5月5日～989年9月10日

天皇　一条天皇

永《えい》祚《そ》

期間　989年9月10日～990年11月26日

天皇　一条天皇

●永祚の風　989年

永延3年（989年）、地震などの凶事払いと彗星が観測されたため、「永祚」に改元される。当時、彗星は凶兆と見なされたからだ。

しかし、改元間もない永祚元年（989年）には、大風雨が近畿地方を襲い、宮城《きゅうじょう》の門廊や殿舎などが倒壊した。この暴風雨は後の世にまで「永祚の風」と呼ばれ、翌990年には「正暦」に改元されることとなる。

正暦《しょうりゃく》

期間　990年11月26日～995年3月25日

天皇　一条天皇

長徳《ちょうとく》

期間　995年3月25日～999年2月1日

天皇　一条天皇

●長徳の変　996年

正暦5年（994年）に疱瘡（天然痘）が流行し、多くの民衆を死にいたらしめた。そのため「長徳」に改元されることとなった。当時、疫病が流行しやすく、改元の原因となった。

寛和2年（986年）に7歳で即位した一条天皇の治世は、摂政・藤原兼家が権勢を極めた時代であった。その権勢によって、長男・道隆《みちたか》は権中納言から内大臣へ、三男・道兼《みちかね》は参議から権大納言へ出世。五男・道長《みちなが》は23歳で権中納言に任じられた。

永祚2年（990年）に藤原兼家が亡くなると、道隆が跡を継いだ。摂政、関白を歴任した道隆だが、疫病が蔓延していた長徳元年（995年）に急死する。

そこで、弟の道兼が地位を継ぐがすぐに病死し、その後は道隆の嫡男・伊周《これちか》と道隆の弟・道長との間で権力闘争になった。公事の席で激論を交わし、伊周の弟・隆家の従者と道長の従者が七条大路で乱闘したりと、互いのせめぎ合いが続いた。

そんな折、伊周は、太政大臣・藤原為光の三女のもとに通っていたが、花山法皇も狙っていると勘違いしてしまう。その勘違いのまま、伊周の弟・隆家が花山法皇を脅そうと、その従者が放った矢が法皇の袖を衝き通すという事件が起きた。

それがきっかけで、伊周と隆家は都から追放、一族は没落していくことになった。この事件を、「長徳の変」と呼ぶ。その後、道長が実権を握ることになる。

長保《ちょうほう》

期間 999年2月1日～1004年8月8日

天皇 一条天皇

どのような時代だったか

関白・道隆、関白・道兼が相次いで死亡し、道長と道隆の嫡子・伊周による権力争いが起こると、一条天皇は皇后の定子《ていし》を寵愛していることもあり、その兄の伊周を藤原氏一族の後継者にと考えていた。

一方、天皇の生母で道長の姉にあたる詮子《せんし》が道長をと天皇に迫った。

結果は、道長が後継者になったのだが、道長はその政権を確実なものにするため、長保2年（1000年）に娘の彰子《しょうし》を入内させた。すでに定子が中宮となっていた一条天皇は彰子も中宮とした。前例のない「一帝二后」である。

寛弘《かんこう》

期間
1004年8月8日〜1013年2月8日

天皇
一条天皇、三条天皇

長和《ちょうわ》

期間
1013年2月8日〜1017年5月21日

天皇
三条天皇、後一条天皇

出来事
藤原道長が摂政に＝摂関政治の始まり

寛仁《かんにん》

期間
1017年5月21日〜1021年3月17日

天皇
後一条天皇

治安《じあん》

期間　1021年3月17日〜1024年8月19日
天皇　後一条天皇

どのような時代だったか

寛弘8年（1011年）には、一条天皇は病が原因で退位し、冷泉天皇の皇子・居貞《おきさだ》親王が即位して三条天皇となり、「長和」に改元された。

藤原道長の次女・妍子《けんし》が三条天皇の皇后の1人になり、摂政・関白に就任していないが道長は朝廷内で一番の実力者になった。三条天皇は親政に意欲的だったが、そのため道長と対立する。長和3年（1014年）に病を患い、退位したが、その背景には道長から退位を求められていたことがあったという。

結局、一条天皇の皇子・敦成《あつひら》親王が即位して後一条天皇になった。後一条天皇になり、道長はやっと摂政になった。その後、道長は3代の天皇に娘を嫁がせた。

道長は寛仁3年（1019年）に出家し、息子・頼通が関白となった。

万寿4年（1027年）に、皇后の妍子が34歳で崩御し、道長も62歳で没した。これ以降、藤原氏の女は入内しても皇太子になる男子が生まれず、藤原氏の権力は弱まっていくことになる。

万寿《まんじゅ》

期間 1024年8月19日〜1028年8月18日

天皇 後一条天皇

長元《ちょうげん》

期間 1028年8月18日〜1037年5月9日

天皇 後一条天皇、後朱雀天皇

●平忠常《ただつね》の乱（長元の乱）　1028年

万寿5年（1028年）6月に、下総国の平忠常が安房国《あわのくに》の国司と紛争を起こす。「平忠常の乱（長元の乱とも呼ぶ）」である。朝廷は討伐を試みるも鎮圧できず、忠常は房総半島を支配下に置いた。

その後、源氏の嫡流である甲斐国司の源頼信《よりのぶ》が追討に出向き、忠常は降伏。天慶2年（939年）に起こった「平将門の乱」以来の関東地方での大規模な反乱は、長元4年（1031年）にようやく平定されたのだった。

長暦《ちょうりゃく》

期間　1037年5月9日～1040年12月16日

天皇　後朱雀天皇

長久《ちょうきゅう》

期間 1040年12月16日～1044年12月16日

天皇 後朱雀天皇

出来事 長久の荘園整理令

寛徳《かんとく》

期間 1044年12月16日～1046年5月22日

天皇 後朱雀天皇、後冷泉天皇

出来事 寛徳の荘園整理令

どのような時代だったか

この時代、平安京では放火が横行していたという。内裏の焼失が相次ぎ、改元されて「長久」になってもまた内裏が焼失した。さらに、疫病や干ばつが続いたため、寛徳2年（1045年）に、「寛徳の荘園整理令」が出された。

この荘園整理令は、長久元年（1040年）に出された「長久の荘園整理令」の内容をさらに厳格な内容にしたものだった。地方に新国司が赴任して以降の荘園を停止するというもので、違反した国司は解任・追放するという厳しい罰則が加えられたのである。

永承《えいしょう》

期間 1046年5月22日～1053年2月2日

天皇 後冷泉天皇

出来事 前九年《ぜんくねん》の役《えき》、末法思想

天喜《てんき／てんぎ》

期間 1053年2月2日〜1058年9月19日

天皇 後冷泉天皇

康平《こうへい》

期間 1058年9月19日〜1065年9月4日

天皇 後冷泉天皇

どのような時代だったか

永承6年（1051年）、「前九年の役」が起こる。この「役」の舞台は東北地方の陸奥国。争う主役たちは河内源氏である源頼義《よりよし》と、陸奥国で一大勢力を誇っていた蝦夷出身の安倍氏のリーダー・安倍頼良《あべのよりよし》とその嫡男の貞任《さだとう》であった。

安倍頼良は、陸奥国の国府と衝突。そこで、朝廷は相模の国司・頼義を陸奥へ派遣した。頼義は、河内国を本拠地とした河内源氏の本流で、長元4年（1031年）に平忠常の乱を平定した頼信の息子だった。

永承6年には、安倍頼良は恩赦により放免されて、新しい陸奥国司・頼義に服従した。反乱は一段落したが、天喜4年（1056年）に安倍貞任と地元役人のトラブルから戦乱が再発。

この争いが発端で、国司・頼義と安倍氏とが衝突した。頼義の部下だった藤原経清《つねきよ》は安倍頼良の娘を嫁にしたため、安倍氏に転じた。天喜5年（1057年）、安倍頼良は戦死し、貞任が安倍氏のリーダーとなって戦いを引き継いだ。

戦乱は安倍氏優勢が続いたが、国司・頼義は康平5年（1062年）、隣国の出羽国の有力豪族・清原氏を味方に引き入れた。安倍氏の拠点・厨川《くりやがわ》に攻勢をかけ、激戦の後、貞任は討ち取られ、安倍氏は滅亡した。以降、安倍氏の領地は清原氏のものになった。

治暦《じりゃく》

期間　1065年9月4日～1069年5月6日

天皇　後冷泉天皇、後三条天皇

延久《えんきゅう》

期間　1069年5月6日～1074年9月16日

天皇　後三条天皇、白河天皇

●延久の荘園整理令　1069年

治暦3年（1067年）に、50年以上も摂政・関白を歴任した藤原頼通は76歳で引退した。翌年には後冷泉天皇が崩御し、尊仁《たかひと》親王が即位、後三条天皇になる。170年ぶりに藤原氏と姻戚関係のない天皇だった。

後三条天皇の即位にともない「延久」に改元された。後三条天皇は即位後、摂関家に遠慮することなく天皇親政の実現に邁進した。

延久元年（1069年）に「延久の荘園整理令」を発布し、記録荘園券契所（不正荘園の調査・摘発、書類不備の荘園の没収など）を設置した。過去の荘園整理令は国司に任せられていたが、延久のそれは中央の朝廷が指示・判断するものだった。

緻密で公正な整理を行い、摂関家の荘園でも基準外であれば没収した。これにより摂関家の経済基盤は揺らいでいくことになった。

後三条天皇は村上天皇の血を引く源師房《もろふさ》、大秀才と言われた大江匡房《まさふさ》らを登用し、物価を安定させるための估価法《こかほう》などを導入した。さらに、全国で標準として使われるように宣《せん》旨枡《じます》を制定した。

次々と新政策を推進し、「延久の善政」と呼ばれたその治世だったが、後三条天皇は病のために延久4年（1072年）に退位した。それを受け、第一皇子の貞仁《さだひと》親王が即位し、白河天皇となる。

翌延久5年（1073年）に、後三条上皇は崩御した。長年、学問に打ち込んできた後三条上皇は人徳の持ち主で、40歳という早すぎる死に周囲は落胆したという。

承保《じょうほう／しょうほう》

期間 1074年9月16日～1077年12月5日

天皇 白河天皇

承暦《じょうりゃく／しょうりゃく》

期間 1077年12月5日～1081年3月22日

天皇 白河天皇

永保《えいほう》

期間 1081年3月22日～1084年3月15日

天皇 白河天皇

出来事 後三年の役

どのような時代だったか

東北地方では、永保3年（1083年）に、「後三年の役」が始まった。「前九年の役」を平定した源頼義の嫡子・義家《よしいえ》が陸奥国司に就任。かつての安倍氏滅亡に功があった清原氏では、一族の長・清原真衡《さねひら》に、異父兄弟の家衡《いえひら》と清衡《きよひら》が敵対し、内紛に発展した。

国司・義家は、この争いでは清原真衡に味方した。結果は、家衡が勝ち残り、今度は家衡と清衡との対立になった。国司・義家の支援を受けていた清衡はついに、寛治元年（1087年）に家衡を討ち取り、「後三年の役」が終わった。

源氏の2代にわたる奥州制覇の野望を朝廷に見破られ、「私戦」と判断されたため、義家に恩賞はなかった。清衡は「前九年の役」で安倍氏に味方した藤原経清の息子だったが、安倍氏滅亡後、清原氏の養子にさせられていた。しかし、「後三年の役」後は、藤原清衡を名乗り、奥州藤原氏を創始した。

応徳《おうとく》

期間 1084年3月15日～1087年5月11日

天皇 白河天皇、堀河天皇

出来事 白河天皇が上皇に＝院政の始まり

どのような時代だったか

「院政」とは、次のようにして始まった。白河天皇の次の皇位継承者は、弟・輔《すけ》仁《ひと》親王とされていた。しかし、応徳3年（1086年）、白河天皇はまだ8歳の息子・善仁《たるひと》親王を皇太子に立てて、退位した。善仁親王は堀河天皇になったが、治世は後見人の白河上皇が行った。上皇が実権を握る「院政」の始まりである。

院政を始める条件は、即位する天皇がまだ幼いことだった。この点は、摂関政治と同じである。院政が始まると藤原氏の摂政・関白の力はさらに低下していった。

寛治《かんじ》

期間
1087年5月11日～1095年1月23日

天皇
堀河天皇

嘉保《かほう》

期間
1095年1月23日～1097年1月3日

天皇
堀河天皇

永長《えいちょう》

期間
1097年1月3日～1097年12月27日

天皇
堀河天皇

●永長地震　１０９６年

京都から東海地方にかけて起きた大地震は、嘉保3年（１０９６年）に起きたが、この天変地異を機にその1カ月後の1月に「永長」と改元され、年表上では「永長元年」となることから、「永長地震」と言われる。都では内裏の大極殿なども倒壊した。

●永長の大田楽　１０９７年

「田楽」とは、太鼓や笛を鳴らして舞う田植え祭りなどから生まれた芸能である。この田楽が永長年間に大流行となり、庶民から貴族まで興じた。堀河天皇や白河上皇までもが田楽を行わせて観覧したという。この流行を「永長の大田楽」と呼ぶ。

さらに平安後期には、寺社保護のもとに「座」を形成し、「田楽法師」という職業的芸人が生まれている。

承徳《じょうとく》

期間
1097年12月27日～1099年9月15日

天皇
堀河天皇

康和《こうわ》

期間
1099年9月15日～1104年3月8日

天皇
堀河天皇

●康和地震　1099年

承徳3年（1099年）に、京都をはじめ畿内では大地震が起きた。地震によって奈良・興福寺の金堂が損壊するなど、相当な被害が出たという。さらに夏に入ると、今度は疫病が流行った。このため、「承徳」から「康和」へと改元になった。年の初めの地震は「永長地震」と同様で、改元後の元号「康和」から取り、「康和地震」と呼ばれた。

長治《ちょうじ》

期間　1104年3月8日～1106年5月13日

天皇　堀河天皇

嘉承《かしょう》

期間　1106年5月13日～1108年9月9日

天皇　堀河天皇、鳥羽天皇

天仁《てんにん》

期間　1108年9月9日～1110年7月31日

天皇　鳥羽天皇

●天仁噴火　1108年

天仁元年（1108年）7月、信濃国の浅間山が大規模な噴火を起こした。約40年前の治暦年間（1065年頃）より噴煙が上がっていたと言われていたが、一気に大噴火となった。上野国の田畑は、噴出物によって埋まってしまい壊滅状態となり、多大な被害が発生した。

天永《てんえい》

期間　1110年7月31日～1113年8月25日

天皇　鳥羽天皇

永久《えいきゅう》

期間 1113年8月25日～1118年4月25日

天皇 鳥羽天皇

●永久の強訴《ごうそ》　1113年

興福寺の末寺・清水寺の別当人事をめぐって起こったのが「永久の強訴」である。人事に反対する数千人の興福寺の門徒が都になだれ込もうとしたのだが、その混乱を避けるために、白河法皇は、検非違使《けびいし》の平正盛《まさもり》・源光国《みつくに》に院御所・内裏を警固させたという。法皇が源氏と平氏の武士を直接、動員した最初の事例で、平氏が院政に近づくきっかけになった。

元永《げんえい》

期間
1118年4月25日～1120年5月9日

天皇
鳥羽天皇

保安《ほうあん》

期間
1120年5月9日～1124年5月18日

天皇
鳥羽天皇、崇徳《すとく》天皇

天治《てんじ》

期間
1124年5月18日～1126年2月15日

天皇
崇徳天皇

どのような時代だったか

この時代の政治の実権は、白河上皇（のちに白河法皇）の手の中にあった。嘉承2年（1107年）に、英邁と評価を集めていた堀河天皇が29歳で崩御し、堀河天皇の長男・宗仁《むねひと》親王が即位、鳥羽天皇になった。しかし、治世の実権は、やはり白河上皇が握っていた。

保安年間に入ると、ますます白河法皇の権力は高まる。保安4年（1123年）には、鳥羽天皇は退位し、まだ5歳の顕仁《あきひと》親王が即位して崇徳天皇になったからだ。

この間、白河法皇は源平の武士たちの力を院政の武力としてうまく活用していた。「永久の強訴」もそうだが、それ以前の嘉承2年には、乱行を重ねていた源氏の嫡流である源義親《よしちか》の討伐を、平正盛に命じている。正盛は義親を討ち、朝廷からの平氏の信頼を一層高めたのであった。

一方、この時期、奥州藤原氏はますます栄えていった。長治2年（1105年）

には、藤原清衡が平泉に最初院（中尊寺）を建立した。天治元年（１１２４年）には、黄金ずくめの寺院・中尊寺金色堂を完成させた。奥州藤原氏の財力は、北上川流域から採れる砂金が支えていたという。

大治《だいじ》

期間 １１２６年２月15日～１１３１年２月28日

天皇 崇徳天皇

天承《てんしょう／てんじょう》

期間 １１３１年２月28日～１１３２年９月21日

天皇 崇徳天皇

長承《ちょうしょう／ちょうじょう》

期間 1132年9月21日～1135年6月10日

天皇 崇徳天皇

保延《ほうえん》

期間 1135年6月10日～1141年8月13日

天皇 崇徳天皇

永治《えいじ》

期間 1141年8月13日～1142年5月25日

天皇 崇徳天皇、近衛天皇

康治《こうじ》

期間 1142年5月25日～1144年3月28日

天皇 近衛天皇

どのような時代だったか

2つの軸を中心に、この時代は展開していった。その2つの軸とは、鳥羽上皇と平氏である。まず、政治の実権は白河法皇から鳥羽上皇に移った。そして、鳥羽上皇は台頭著しい平氏の武力と財力を頼りにし、平氏を取り立てていったのである。

さて、43年にわたり院政を続けた白河法皇が大治4年（1129年）に崩御した。崇徳天皇はまだ11歳ということもあり、鳥羽上皇が治世の実権を握ることになった。

この時期もまた、天災、火災、疫病が毎年、民衆の生活を脅かした。天承年間には干ばつなどの天災が発生。長承年間には疫病の流行と京都火災に見舞われ、保延年間には飢饉、疫病、洪水、それによる治安の悪化など、さまざまな厄災が続いたのである。

こうした中で、平氏は次第に力を蓄えていった。天承2年（1132年）には、平正盛の息子・忠盛《ただもり》が得長寿院《とくちょうじゅいん》を鳥羽上皇に寄進し、上皇の歓心を買った。この寄進により、忠盛は鳥羽上皇の院御所に上がることを許されたのである。

長承2年（1133年）には、忠盛は独自のルートで宋との貿易を始め、富を蓄えていった。さらに、保延元年（1135年）、忠盛は海賊の追捕を命じられ、その任務を果たすことで、忠盛の息子・清盛は18歳で従四位下の地位を得た。

平氏を重んじる鳥羽上皇は、永治元年（1141年）の前に出家し、法皇になった。

崇徳天皇は即位以来、鳥羽上皇に治世の実権を握られていた。すでに23歳だった崇徳天皇だが、鳥羽法皇の意向で同年に退位させられ、続いて近衛天皇が即位した。まだ3歳の弟が即位したのである。鳥羽法皇の院政は当面続くことになるが、その中で鳥羽法皇と崇徳上皇との間に埋めがたい反目の感情が生まれていった。

康治年間になると、忠盛の権勢はますます盛んになる。一方で、源氏の嫡流である源為義《ためよし》は鳴かず飛ばずの日々だった。そこで、康治2年（1143年）以降、関白・藤原忠通《ただみち》の弟である頼長《よりなが》に臣従するようになった。

このようにして、「保元の乱」の火種は知らず知らずのうちに広がっていくのだった。

天養《てんよう》

期間 1144年3月28日～1145年8月12日

天皇 近衛天皇

久安《きゅうあん》

期間

1145年8月12日～1151年2月14日

天皇

近衛天皇

仁平《にんぺい／にんぴょう》

期間

1151年2月14日～1154年12月4日

天皇

近衛天皇

久寿《きゅうじゅ》

期間

1154年12月4日～1156年5月18日

天皇

近衛天皇、後白河天皇

どのような時代だったか

「天養」から「久寿」にかけての12年は、摂関家の一族内に、また天皇家の中においてもそれぞれ抜きがたい対立が生まれてくる時期だった。

摂関家一族内での対立の芽は、関白・藤原忠通の父・忠実《ただざね》が長男の忠通よりも、その弟・頼長に期待をかけていたことである。そのために、次第に忠通と頼長は対立するようになった。

こうした情勢の中で、平氏は武士の棟梁と目されるほど、眩しいばかりの躍進を続けていた。久安2年（1146年）には、平忠盛の息子・清盛が29歳で安芸国の国司になった。その翌年、忠盛・清盛父子は京都の祇園臨時祭で乱闘事件を起こした。祇園社を治める比叡山延暦寺の僧たちは猛烈に抗議を続けたが、鳥羽法皇は清盛への軽い処分で済ませた。鳥羽法皇と平氏の結びつきは、それほどまで深いものになっていたのである。

仁平2年（1152年）、安芸国の国司だった清盛は、厳島神社を修造。その翌年には、忠盛が死去し、清盛が平氏の家長になった。

一方、源氏の嫡流である為義、その子・義朝《よしとも》は摂関家でも冷遇されて、平氏と比較しながら、自らの身を嘆く日々だった。

その摂関家では、藤原忠実が久安6年（1150年）にとうとう忠通と絶縁。頼長を家長とすると決めたことで、2人の対立は表立ったものになった。

天皇家では、近衛天皇が久寿2年（1155年）に17歳で崩御し、子どもがいなかった近衛天皇の後は、崇徳上皇の皇子が即位すると思われた。しかし、鳥羽法皇は崇徳上皇の弟である雅仁《まさひと》親王を即位させて、後白河天皇とした。不本意な思いばかりをする崇徳上皇と後白河天皇の対立が急激に芽吹き始めたのである。

保元《ほうげん》

期間 1156年5月18日～1159年5月9日

天皇 後白河天皇、二条天皇

●保元の乱　1156年

後白河天皇の即位により改元された。改元から2カ月後、後白河天皇を支えていた鳥羽法皇が病に倒れ、保元元年（1156年）7月2日に崩御した。

当時、後白河天皇と崇徳上皇との対立の亀裂は一挙に深まっていた。藤原氏でも藤原忠通と頼長の兄弟対立が激しさを増し、頼長は崇徳上皇を味方につけ、忠通は後白河天皇の側についた。

後白河天皇側と崇徳上皇側は武力衝突に備え、平氏と源氏の武士を動員した。後白河天皇には平清盛、源義朝、源義康ら新進気鋭の武士が集い、崇徳上皇側には清盛の叔父・平忠正《ただまさ》、源義朝の父・源為義らがついた。当時の有力武士たちは、個人単位で皇族や藤原氏の有力者と主従を結んでいたため、それぞれの陣営に一族で結集することはなかった。

保元元年7月11日未明に、「保元の乱」が勃発した。京都が舞台となった初めての戦乱である。後白河天皇側が夜襲を仕掛け、4時間半ほどの激闘の末、勝利した。敗れた崇徳上皇は讃岐国に配流、藤原頼長は戦死、平忠正と源為義は処刑となった。

「保元の乱」により、貴族の無力化と武士の台頭は決定的なものとなる。後白河天皇側についた清盛は大国・播磨国の国司に、続いて大宰府の副長官・大宰大弐《だざいだいに》の地位に就く。

また、後白河天皇は保元3年（1158年）に退位して、16歳となる息子・守仁《もりひと》親王を二条天皇として即位させた。自分の血統を安定させるためであった。

平治《へいじ》

期間 1159年5月9日～1160年2月18日

天皇 二条天皇

●平治の乱　1159年

二条天皇の即位により改元された「平治」。しかし、決して平安な情勢ではなかった。「保元の乱」から3年後に、「平治の乱」が起きた。クーデターに近い反乱を起こす情勢をつくり出したのは、後白河上皇の古参の側近で、有力者だった信西《しんぜい》の存在だった。

信西は出家後の名であり、以前は少納言を務めた藤原通憲《みちのり》と呼ばれていた。急進的な改革者でもあった信西は、藤原信頼《のぶより》と対立するようになった。

信頼は「保元の乱」の後に、上皇に気に入られ急速に出世した若手貴族だった。その信頼は、「保元の乱」で立てた武功のわりに恩賞が少なかった源義朝を味方に引き込んだ。さらに、親政を目指す二条天皇を盛り立てようとした側近・藤原経宗《つねむね》と藤原惟方《これかた》も味方につけた。経宗と惟方は、信西と敵対していたのである。

信頼は後白河上皇と信西の影響力を排除するため決起した。平治元年（1159年）、平清盛が熊野三山へ参詣した隙をつき、信頼らは上皇を幽閉し、都を制圧した。信西は逃亡後、発見されて自決した。

清盛は急いで都へ引き返し、信頼の陣営から経宗と惟方を寝返らせて、二条天皇と上皇を脱出させ保護した。「官軍」になった清盛は、源義朝が拠点とした内裏に総攻撃をかけ、義朝の軍勢は京都の六条河原で敗れ去った。

謀反の張本人・信頼は処刑。義朝は東国に逃亡中、尾張国の長田忠致《おさだただむね》の裏切りによって殺害された。

「平治の乱」によって、後白河上皇の周囲にいた側近のほとんどは倒れ、消えてしまった。源氏勢力は一掃されて、清盛のみが勝つ結果になった。こうして清盛を中心とした平氏の政権が誕生したのである。

永暦《えいりゃく》

期間 1160年2月18日〜1161年9月24日

天皇 二条天皇

応保《おうほう／おうほ》

期間 1161年9月24日〜1163年5月4日

天皇 二条天皇

長寛《ちょうかん》

期間 1163年5月4日～1165年7月14日

天皇 二条天皇

永万《えいまん》

期間 1165年7月14日～1166年9月23日

天皇 二条天皇、六条天皇

仁安《にんあん》

期間 1166年9月23日～1169年5月6日

天皇 六条天皇、高倉天皇

出来事 平清盛が太政大臣に＝平氏の全盛期

嘉応《かおう》

期間 1169年5月6日～1171年5月27日

天皇 高倉天皇

どのような時代だったか

永万元年（1165年）に二条天皇は23歳で崩御。そのため、二条天皇の皇子・順仁《のぶひと》親王（生後7カ月）が即位し、六条天皇になる。

しかし、仁安3年（1168年）には六条天皇は退位し、後白河上皇の息子で8歳の憲仁《のりひと》親王が即位、高倉天皇になる。実権を握る後白河上皇は嘉応元年（1169年）に出家し、法皇として院政をしく。

平清盛は、仁安2年（1167年）に、「太政大臣」に就任した。皇族と藤原氏以外で当時、この地位に就いたのは清盛のみであった。清盛は翌年出家した。

●嘉応の強訴　1169年

嘉応元年（1169年）、延暦寺の僧兵たちが尾張国知行国主・藤原成親《なりちか》と衝突。成親の配流を求めて強訴を起こした。この時期の寺社は荘園領主として発展し、各地で国司と紛争を引き起こしていた。

成親を擁護した後白河法皇と、非協力的な態度の上流貴族や平氏によって、事態は紛糾した。院政開始後に、後白河と平氏の政治路線の対立が初めて表面化した出来事だった。

承安《じょうあん》

期間　1171年5月27日〜1175年8月16日

天皇　高倉天皇

出来事　浄土宗（法然）の創始

安元《あんげん》

期間 1175年8月16日～1177年8月29日

天皇 高倉天皇

どのような時代だったか

承安2年（1172年）に平清盛の娘・徳子（建礼門院《けんれいもんいん》）が皇后になる。清盛は藤原摂関家のように天皇の外戚《がいせき》となり、権力を維持しようとした。

この年、清盛はさらに中国の宋と公式な交易ルートを開き、日本の商業発展を目指した。

●安元の大火　１１７５年

「安元の大火」は、安元3年（１１７７年）4月28日に平安京内で起こった空前の大火災である。太郎《たろう》焼亡《しょうぼう》とも呼ばれる。夜10時頃に、樋口富小路付近で発生し、南東からの強風によって北西方向へ燃え広がった。大内裏内の大極殿など、ほとんどが焼き尽くされたという。また、平清盛の嫡男である内大臣・重盛邸も焼失した。この火事による死者は数千人に及んでいる。

治承《じしょう》

期間　１１７７年8月29日～１１８１年8月25日

天皇　高倉天皇、安徳天皇

●富士川の戦い（治承・寿永の乱）　1177年～1185年

安元3年（1177年）から元暦2年（1185年）にかけての、「鹿ヶ谷の陰謀」から「壇ノ浦の戦い」までの8年間にわたる大規模な内乱が、「治承・寿永の乱」である。一般的には「源平合戦」あるいは「源平の戦い」などと呼ばれている。

「安元の大火」により改元された「治承」だが、この治承年間は平清盛ら平氏一族が隆盛を誇る中で、反発する勢力が台頭してくる時代だった。この頃から「平氏打倒」の火種が生まれるのである。

その発端となったのが、安元3年6月に起きた「鹿ヶ谷の陰謀」である。権大納言の藤原成親、後白河法皇の近臣・僧の西光《さいこう》らが密告に加わった。この陰謀によって、法皇と平清盛の関係は急速に険悪になった。

この陰謀から2年後の治承3年（1179年）11月、清盛は法皇を鳥羽殿に幽閉し、強引に武家政権を誕生させた。その翌年には、高倉天皇を退位させ、建礼門院徳子が産んだ3歳の言仁《ときひと》親王を即位させて、安徳天皇とした。

しかし、治承4年（1180年）5月、法皇の第三皇子・以仁王《もちひとおう》が平氏討伐を唱え、源頼政《よりまさ》が挙兵する。「治承・寿永の乱」の本格的な始まりである。

この挙兵は平氏によっていともたやすく滅ぼされてしまうが、その令旨は全国に広がった。伊豆に配流の源頼朝、奥州藤原氏に身を寄せていた源義経《よしつね》、源義仲《よしなか》など数々の源氏の武士たちのもとに伝わったのである。

平氏と敵対する関東の有力武士たちを味方にした頼朝は、治承4年10月に鎌倉に源氏の拠点を築いた。清盛は頼朝討伐のため、孫の維盛《これもり》を総大将とする2万の軍勢を差し向けた。「富士川の戦い」である。

平氏の軍勢は、富士川に対陣。しかし、水鳥の大群が一斉に飛び立つ音を奇襲と勘違いして撤退し、源氏は戦わずに勝利した。やむなく清盛は、12月に法皇の幽閉を解いた。平氏の行く末を案じつつ、治承5年（1181年）、清盛は熱病のために64歳で死去した。

養和《ようわ》

期間　1181年8月25日〜1182年6月29日
天皇　安徳天皇

●養和の飢饉　1181年

安徳天皇の即位により「養和」と改元。しかし、平氏と敵対する源氏は「養和」と「寿永」の元号を用いず、引き続き「治承」の元号を使った。

平清盛が死去し、清盛の三男・宗盛が平氏の家長となり、源氏との戦いを続けていた。宗盛は源氏に対して徹底抗戦の姿勢を崩さず、治承5年（1181年）6月、源頼朝による後白河法皇を通じての平氏懐柔策（平氏との「和睦」）を拒否する。

宗盛が強気であった背景には、平氏の地盤とも言える西日本の経済力が、東国を地盤にする源氏のそれを圧倒していたからであった。長期戦になればなるほど、平氏の底力が発揮できるのである。

しかし、養和元年（1181年）、不幸なことに京都を含めた西日本に「養和の飢饉」と呼ばれた大規模な飢饉が起きてしまう。飢餓による死人が往来にあふれたとの記録も残っているほどで、近畿や九州では荘園からの税収が激減したのだ。

こうして平氏はますます不利になっていく。2年後の寿永2年（1183年）には、信濃源氏の武将である源義仲の軍が、「倶利伽羅《くりから》峠の戦い」で平氏の大軍を破って京都に迫った。平氏は都落ちし西国へと逃れて行くのだった。

寿永《じゅえい》

期間 1182年6月29日～1184年5月27日

天皇 安徳天皇、後鳥羽天皇

出来事 倶利伽羅峠の戦い、一ノ谷の戦い

元暦《げんりゃく》

期間　1184年5月27日〜1185年9月9日
天皇　安徳天皇、後鳥羽天皇

●壇ノ浦の戦い（治承・寿永の乱）　1177年〜1185年

平氏滅亡に至る戦いは、「一ノ谷の戦い」「屋島の戦い」「壇ノ浦の戦い」の3つの戦いである。源氏の圧倒的な勝利の要因は、坂東武者たちの結束力と戦いの天才・源義経の存在だった。

寿永3年（1184年）2月に起こった「一ノ谷の戦い」は、摂津国福原および須磨で行われた。精兵100騎ほどを率い、平氏軍の一ノ谷陣営の裏手、断崖絶壁の上から一気に坂を駆け下りる決断をした義経の判断に勝機があった。

一ノ谷から上がる煙を見た義経の異母兄・源範頼《のりより》は、陣営の正面から総攻撃を仕掛け、平氏軍を敗走させた。安徳天皇、建礼門院らと沖合いの船にいた総大将・平宗盛は敗北を悟り、讃岐国屋島へと逃れていった。

一ノ谷の戦いからほぼ1年後、元暦2年（1185年）2月に屋島で行われた戦いが「屋島の戦い」である。

戦いの前夜、暴風雨のため出航を見合わせた源氏方の武将たちだったが、義経はこの暴風雨にこそ勝機があると判断。わずか5艘150騎で出航を強行した。4時間後の午前6時には、阿波国勝浦に到着。この時点で、この戦いの勝利は決まったのである。

義経の攻撃により屋島は陥落、平氏は四国における拠点を失う。九州はすでに範頼の大軍で押さえられている。平氏は長門国彦島に孤立するしかなかった。

義経は水軍を編成し、最後の決戦である「壇ノ浦の戦い」に臨んだ。瀬戸内海において、源氏方は平氏方を追い込んでいったのである。

「壇ノ浦の戦い」は、「屋島の戦い」の1カ月後である元暦2年3月であった。長門国赤間関壇ノ浦（現在の山口県下関市）で行われた。戦いが始まった頃は、潮の流れに乗った平氏方が優勢だったが、やがて流れが変わり、反転すると今度は源氏方が優勢となり、三氏方に猛攻撃を仕掛けた。

義経は水軍を編成するにあたり、壇ノ浦における潮の流れの変化を読んでいたのである。平氏方は壊滅状態になり、勝敗は決した。平氏一門は海上へ身を投じ、栄華を誇った一族はついに滅亡に至った。

第3章

鎌倉時代の事件・出来事

鎌倉時代

文治《ぶんじ／もんち》

期間 1185年9月9日〜1190年5月16日

天皇 後鳥羽天皇

出来事 源頼朝による守護・地頭の設置

建久《けんきゅう》

期間 1190年5月16日〜1199年5月23日

天皇 後鳥羽天皇、土御門《つちみかど》天皇

出来事 臨済宗（栄西）の創始

建久七年の政変 1196年

平氏を滅ぼした源頼朝は、文治元年（1185年）、全国に守護・地頭の設置を行い、建久3年（1192年）には、ついに征夷大将軍に任命される。だが、開幕したばかりの鎌倉幕府は前途多難だった。京都の朝廷には、まだ侮りがたい力があったからである。

後白河法皇をはじめ朝廷内の院政政権側は、鎌倉幕府の勢力を抑えようと、さまざまな画策をした。それに対し、頼朝は院政に批判的な九条兼実《かねざね》と協力関係を築き、彼を摂政・関白に推して院政勢力に対抗しようとした。

その九条兼実が罷免されたのである。建久7年（1196年）11月のことで、この事件を「建久七年の政変」という。

九条兼実を盛り立てる一方で、頼朝は娘を入内させ天皇家と密接な繋がりを持とうとした。その娘が病死したため、この画策は実現しなかった。ここに、武家の棟梁として力を蓄えてきた頼朝だが、中央貴族の末裔としての意識を捨てきれずにいたことが露呈された。

そして、建久10年（1199年）に頼朝は病没したのである。頼朝の嫡子・頼家が跡を継ぎ、第2代将軍として征夷大将軍に就任したのは建仁2年（1202年）のことだった。

正治《しょうじ》

期間　1199年5月23日～1201年3月19日

天皇　土御門天皇

建仁《けんにん》

期間　1201年3月19日～1204年3月23日

天皇　土御門天皇

出来事　建仁の乱、比企《ひき》の乱

元久《げんきゅう》

期間　1204年3月23日～1206年6月5日

天皇　土御門天皇

出来事　北条時政が執権に、執権政治の始まり

どのような時代だったか

元久2年（1205年）の「平賀朝雅《ともまさ》の乱」について触れる。源頼朝が病没後の鎌倉幕府だが、北条一族の影響力が次第に高まってきていた。逆の言い方をすると、北条一族の影響力が高まるたびに、頼朝以来の有力御家人が北条氏によって滅ぼされた。

まず、建仁元年（1201年）に起きた「建仁の乱」で梶原景時一族が北条氏によって滅ぼされる。建仁3年（1203年）の「比企の乱」では、北条時政によって比企一族が鎮圧され、時政は初代執権に就任。さらに元久元年（1204年）には、病に倒れて将軍職を剥奪された源頼家が、北条氏の手兵によって暗殺されてしまう。

そして、「比企の乱」では北条氏に味方していた畠山重忠も、元久2年6月の「畠山重忠の乱」で北条一族によって滅亡させられている。

こうした中で、元久2年7月に「平賀朝雅の乱」が起こった。北条時政と後妻・牧の方が、娘婿・平賀朝雅の将軍擁立を謀るも失敗してしまう。時政は伊豆に隠居させられ、時政の嫡男・義時《よしとき》が執権を引き継いだ。義時と姉・政子による北条氏支配の体制がこうして確立したのである。

建永《けんえい》

期間 1206年6月5日～1207年11月16日

天皇 土御門天皇

承元《じょうげん》

期間 1207年11月16日～1211年4月23日

天皇 土御門天皇、順徳天皇

●承元の法難　1207年

承元元年（1207年）、浄土宗の開祖である法然と、弟子で浄土真宗を開く親鸞など、専修念仏《せんじゅねんぶつ》（ただひたすらに念仏を唱えるだけで浄土へ行けるというもの）を唱える僧侶たちが一斉に流罪になった。これを「承元の法難」という。法然が讃岐国、親鸞が越後国に流された。

流罪の原因は、既存仏教から専修念仏を危険視する僧の声が高まったことによる。この決定を下したのは、鎌倉幕府ではなく、後鳥羽上皇であった。

建暦《けんりゃく》

期間　1211年4月23日～1214年1月18日

天皇　順徳天皇

出来事　和田義盛《よしもり》の乱

建保《けんぽう》

期間 1214年1月18日～1219年5月27日

天皇 順徳天皇

どのような時代だったか

北条氏の執権体制の強化は、引き続き頼朝以来の有力御家人を滅ぼすことだった。建暦3年（1213年）に起きた「和田義盛の乱」は、鎌倉幕府創設の功臣であり、侍所別当でもあった有力御家人・和田義盛が首謀者である。

第2代執権・北条義時は、和田義盛に挑発を繰り返し、堪えきれずに義盛は同族・三浦義村とともに北条氏打倒のために挙兵した。しかし、三浦義村の裏切り、第3代将軍・源実朝《さねとも》は義時方にあり、兵力に勝る幕府軍が圧倒し、和田一族は全滅した。

承久《じょうきゅう》

期間 1219年5月27日～1222年5月25日

天皇 順徳天皇、仲恭《ちゅうきょう》天皇、後堀河天皇

出来事 六波羅探題《ろくはらたんだい》の設置

●承久の乱　1221年

「承久の乱」は承久3年（1221年）、鎌倉幕府において将軍不在の時期に起こった。その2年前の建保7年（1219年）に、第3代将軍・源実朝は第2代将軍だった源頼家の遺児・公暁《くぎょう》に暗殺され、源氏将軍家は断絶した。

第2代執権・北条義時は天皇家から新たな将軍を迎えようとしたが、後鳥羽上皇に拒否され、次に藤原摂関家から将軍を迎えようとしたが上皇の妨害により難航していた。

鎌倉幕府の倒幕時機を見ていた後鳥羽上皇は、承久3年5月に畿内の武士2000人ほどを集め、鎌倉幕府の出先機関である京都守護を襲撃した。そして、義時追討の院宣《いんぜん》を全

国に下す。しかし、その効果は薄く、上皇に応えた武士は西国一部の武士だけにとどまった。

義時追討の院宣を受けた幕府では、北条政子が源頼朝の恩顧を訴え、多くの御家人を集結させた。義時の嫡男・泰時《やすとき》を総大将に、幕府軍は最終的に19万人にまで膨れ上がった。上皇がすぐに降伏すると、上皇に呼応した武士はことごとく幕府軍によって鎮圧された。

わずか2カ月で鎮静化した承久の乱だが、乱の勃発前と後では、幕府と朝廷、両者の力関係は大幅に変わったと言える。まず関係者の処分だが、後鳥羽上皇は隠岐に、土御門上皇は土佐に、後鳥羽上皇に従った順徳上皇は佐渡に、それぞれ流罪になった。

泰時は同年、朝廷を厳しく監視するために六波羅探題を設置し、自身が初代探題となって戦後の処理を行っていった。その3年後の元仁元年（1224年）には第3代執権に就く。

承久の乱以後、皇位継承、元号の制定については、朝廷は幕府の同意が必要になった。そのため、朝廷が幕府に無断で改元した「元仁」は半年も経たずに改元されることとなった。このように、鎌倉幕府の権限は大幅に強化されたのである。

貞応《じょうおう》

期間 1222年5月25日～1224年12月31日

天皇 後堀河天皇

元仁《げんにん》

期間 1224年12月31日～1225年5月28日

天皇 後堀河天皇

嘉禄《かろく》

期間 1225年5月28日～1228年1月18日

天皇 後堀河天皇

安貞《あんてい》

期間　1228年1月18日～1229年3月31日

天皇　後堀河天皇

寛喜《かんき》

期間　1229年3月31日～1232年4月23日

天皇　後堀河天皇

●寛喜の大飢饉　1231年

安貞年間に天災、飢饉が頻発し、改元が行われた。しかし、改元後の寛喜2年（1230年）から翌年にかけても天災が続き、大飢饉が発生した。寛喜2年は記録的な長雨と冷夏で、農作物が大打撃を受けた。

翌年の寛喜3年（1231年）は、一転して猛暑に見舞われ死者が続出、またもや大飢饉に陥ったのである。その規模は鎌倉時代を通じて最大だった。そこで、再び改元されることになった。

貞永《じょうえい》

期間 1232年4月23日～1233年5月25日

天皇 後堀河天皇、四条天皇

● 貞永式目　1232年

御成敗式目《ごせいばいしきもく》は貞永元年（1232年）に制定された。「御成敗式目」が正式な名称だが、元号を取って「貞永式目」とも言われている。また、「関東御成敗式目」「関東武家式目」などの異称もある。

元仁2年（1225年）に、第3代執権・北条泰時が中心となって、叔父にあたる連署《れんしょ》（執権の補佐役）の北条時房《ときふさ》や、評定衆《ひょうじょうしゅう》（幕府の政務機関）とともに編纂した。当初は35

カ条までがつくられ、その後に付け加えられて51カ条になった。

「式目」とは、鎌倉幕府以降に箇条書き形式で書かれた武家法のことである。承久3年（1221年）以後、鎌倉幕府の権力が西日本にも及び、日本を統治するうえで指標となる道徳や倫理観をまとめ、武家政権の規範として制定された。そのため、御成敗式目は、各国の守護を通じてすべての地頭に配布されたのだった。

天福《てんぷく》

期間 1233年5月25日～1234年11月27日

天皇 四条天皇

文暦《ぶんりゃく》

期間 1234年11月27日～1235年11月1日

天皇 四条天皇

嘉禎《かてい》

期間
1235年11月1日～1238年12月30日

天皇
四条天皇

出来事
モンゴル帝国、朝鮮半島へ進出

暦仁《りゃくにん》

期間
1238年12月30日～1239年3月13日

天皇
四条天皇

どのような時代だったか

鎌倉時代の改元は2年から3年おきと実に小刻みだった。文暦年間には、九州の霧島連峰の御鉢《おはち》が記録に残る中で最大規模の噴火「文暦の大噴火」を起こし、そのため翌年に改元。嘉禎年間には地震や異常気象が続いたため改元し、暦仁年間には彗星が現れ、天災が重なったため、短命2カ月半で改元した。自然の脅威にさらされた鎌倉時代だった。

延応《えんおう》

期間 1239年3月13日～1240年8月5日

天皇 四条天皇

仁治《にんじ》

期間 1240年8月5日～1243年3月18日

天皇 四条天皇、後嵯峨天皇

寛元《かんげん》

期間 1243年3月18日～1247年4月5日

天皇 後嵯峨天皇、後深草天皇

宝治《ほうじ》

期間 1247年4月5日～1249年5月2日

天皇 後深草天皇

●宝治合戦 1247年

執権・北条一族の専制がますます強化される中で、「北条氏排斥」を心秘かに考える鎌倉の有力御家人にとって、名越《なごえ》氏と三浦氏は最後の砦のような存在だった。

ところが、ほぼ1年の間に、名越氏と三浦氏は鎌倉から消えたのである。

まずは、名越氏から触れる。寛元4年（1246年）に有力御家人・名越光時《みつとき》は、摂関藤原家から選ばれて嘉禄2年（1226年）に将軍となっていた藤原頼経《よりつね》と共謀し、北条氏排斥を画策していた。

有力御家人の間で口には出さねど、執権に対する不満は根強いものがあった。幕政の決め事は北条一族内で決められ、合議の場であった評定所は形だけのものになっていたのだ。頼経も執権の意向で、寛元2年（1244年）に幼い息子・頼嗣《よりつぐ》に将軍位を譲らされていた。実行段階にいよいよ入ろうという矢先、この謀は発覚し、名越氏は流罪。頼経は京へ送還となった。

次に、三浦氏の場合だが、名越氏が流罪になると、幕府内で北条氏に対抗できるのは、幕府創設以来の有力御家人・三浦氏のみになった。三浦半島一帯を支配する三浦氏は、新将軍・頼嗣を擁して、前将軍・頼経の鎌倉帰還を目論んだ。それは、堂々たる北条氏排斥の烽火だった。

こうして緊張が高まる中、宝治元年（1247年）6月、三浦氏と北条氏による「宝治合戦」が起こった。

三浦氏側には毛利氏、宇都宮氏など反執権派が味方し、北条氏側には安達氏や足利氏が味方した。安達氏は北条氏の外戚で、反三浦として激しく対立していた。また、足利氏は源氏直系の嫡流が途絶えた後、源氏の嫡流として幕府内で重きをなしていた。

北条軍は三浦氏の館を包囲、火を放った。すると、三浦軍は館を抜け出し、頼朝を祀る法華堂に逃げ込んだ。北条軍は法華堂を包囲。逃げ込んだ三浦軍500人ほどは全員自決したのである。こうして合戦は終結した。この戦いで、反北条の御家人は消滅。朝廷、幕府内部での北条氏の立場は磐石となった。

建長《けんちょう》

期間 1249年5月2日～1256年10月24日

天皇 後深草天皇

康元《こうげん》

期間 1256年10月24日～1257年3月31日

天皇 後深草天皇

どのような時代だったか

宝治合戦の後、しばらくしての建長4年（1252年）に、第5代将軍・藤原頼嗣は京に追放された。次の将軍は後深草天皇の兄にあたる宗尊《むねたか》親王が就任した。以後、征夷大将軍は皇族から選ばれた。

この時代、鎌倉幕府の執権は第5代・北条時頼だった。彼は引付衆を置き、訴訟問題を担当させるなど、執権政治の公正化をはかった。しかし、康元元年（1256年）、病を理由に、義理の兄・北条長時《ながとき》を第6代執権にした。時頼の嫡子・時宗《ときむね》が幼少だったため、繋ぎ役としての執権を置いたのである。ただし、実権は時頼が握っていた。

正嘉《しょうか》

期間　1257年3月31日〜1259年4月20日

天皇　後深草天皇

正元《しょうげん》

期間　1259年4月20日〜1260年5月24日

天皇　後深草天皇、亀山天皇

どのような時代だったか

「建長」は8年続いたが、その後の「康元」はわずか5カ月しか続かなかった。その理由は京都での大火災にあった。しかし、改元されて「正嘉」になっても、その元年（1257年）に鎌倉で大地震が発生。諸国では飢饉、疫病から多数の死者が出た。

続く飢饉と疫病からさらに改元されて「正元」になったが、事態はますます悪化。餓死者が続出した。

正元年間の朝廷では、後深草系＝持明院統と亀山系＝大覚寺統の、長く続く争いの発端が生まれた。後嵯峨上皇が、体の弱かった後深草天皇に、弟・亀山天皇に譲位させるよう促したのである。健康で聡明な亀山天皇を溺愛するあまりのことだった。

その後、後深草天皇に皇子がいたにもかかわらず、後嵯峨上皇は亀山天皇の息子・世仁《よひと》親王を皇太子に立てるなど、両者に遺恨を生じさせることになったのだ。

文応《ぶんおう》

期間　1260年5月24日〜1261年3月22日

天皇　亀山天皇

弘長《こうちょう》

期間 1261年3月22日～1264年3月27日

天皇 亀山天皇

文永《ぶんえい》

期間 1264年3月27日～1275年5月22日

天皇 亀山天皇、後宇多天皇

●文永の役　1274年

少しさかのぼるが、嘉禎年間（1235年～1238年）にモンゴル帝国は朝鮮半島へ進出し始め、正元元年（1259年）には高麗を征服する。そして文応元年（1260年）に、チンギス・ハーンの孫・クビライが皇帝になり、版図を拡大していた。

文永11年（1274年）、元と高麗の連合軍3万あまりが、日本への侵略を開始した。

連ねた軍船は約900艘。その光景は凄まじいものだったろう。この蒙古襲来を、現在は「元寇《げんこう》」と呼んでいるが、当時はそうは言わず「文永の役」あるいは「文永合戦」と呼んだ。

元軍は対馬、壱岐を征圧し、博多に軍を進めた。迎え撃つ鎌倉幕府軍は、九州の御家人を中心に編成されたが、日本的な戦いの作法は通じるわけもなく、異国軍の圧倒的な力の前になすすべもなかった。火薬を用いた武器「てつはう」の轟音は人馬に脅威を与え、その戦意を著しくくじいたという。

「文永の役」が勃発した際の鎌倉幕府の執権は、まだ24歳の北条時宗だった。文永元年（1264年）には、第6代執権を務めていた北条長時に代わり、北条政村《まさむら》が第7代執権となっていた。長時にしても、政村にしても嫡流・時宗が成人するまでの繋ぎの執権だった。

文永5年（1268年）、18歳の時宗が第8代執権になると、九州の御家人に警戒を呼びかけた。高麗より元の国書が届けられ、幕府はモンゴル帝国と元の存在を知ったからである。その国書の内容は、日本国が元に服属することを求めるものだった。

時宗は、元からの国書を徹底的に無視する構えとした。その後も、元からは幾度も使者が派遣されてきたが、時宗はつど無視を続けた。その間、異国警固番役《けいごばんやく》を設置。博多の防備を固めたのである。

そして、先ほど触れた「文永の役」が勃発したのだ。元軍に徹底的に攻め込まれた鎌倉幕府軍は大宰府まで後退すると、元軍は侵攻せず、撤退した。なぜ撤退したのかについては、台風説や組織崩壊説など諸説あるが、その詳細は不明である。

建治《けんじ》

期間　1275年5月22日〜1278年3月23日

天皇　後宇多天皇

弘安《こうあん》

期間 1278年3月23日～1288年5月29日

天皇 後宇多天皇、伏見天皇

出来事 霜月騒動

●弘安の役　1281年

建治元年（1275年）、再び元から服属を求める使者が訪れる。北条時宗は使者を即刻処刑した。そして、九州の防備を強化するため、異国警固番役を臨時のものではなく、定置させた。九州の御家人は博多湾沿岸に防衛のために石塁《せきるい》を築いた。中国・四国地方の地頭には、軍船の建造を命じた。

文永の役後の元だが、南宋を滅亡させ、日本侵略を再び計画した。弘安2年（1279年）、時宗が元皇帝クビライの使者を処刑すると、元は征服したばかりの南宋軍を取り込み、再び遠征を開始したのである。

文永の役に比べ、編成された元軍は約14万の兵力となり、大規模な編成になった。朝鮮半島からの東路軍約4万、南宋からの江南軍約10万、軍船・約4400艘という陣営だった。

弘安4年（1281年）5月、元・東路軍は対馬、壱岐を攻略し、博多湾に接近。幕府軍も激しく抵抗する。海岸線に築いてあった石塁の効果があり、元軍の上陸を阻んでいたのだ。6月に遅れていた江南軍が到着。平戸島を占拠し、東路軍と合流すると、大宰府への総攻撃の準備に入った。

しかし、総攻撃の前夜、元軍は台風に襲われ大被害を被った。元の記録によると、軍船のほとんどは航行不能に陥り、すぐに撤退を決めたという。帰還できた兵士は全軍の半分以下とのことである。さらに、東路軍は疫病に悩まされていたという。しかも、元軍の主力は征服された高麗と南宋の兵だったので戦意も乏しかったと言われている。

元寇を追い返した鎌倉幕府だが、元による三度目の侵略を想定し、西国の御家人たちには防備のために大きな負担がのしかかった。

弘安7年（1284年）、時宗は病で急死。息子・貞時が第9代執権になった。14歳の貞時だったが、北条得宗家の権力基盤は揺るぎないものになっていた。

正応《しょうおう》

期間 1288年5月29日～1293年9月6日

天皇 伏見天皇

出来事 大覚寺統と持明院統が交互に天皇に即位する、両統迭立《りょうとうてつりつ》が始まる

どのような時代だったか

北条時宗が急死した翌年の弘安8年（1285年）11月に、「霜月騒動」が起こった。安達泰盛《やすもり》一族の滅亡事件である。安達氏は北条氏との血縁関係を重ね、さらに鎌倉幕府草創以来の功（源頼朝の側近）を背景に権勢をふるっていた。泰盛は外孫の北条貞時が執権になると、ますます権勢を増していった。

こうした中で、幕府内では、将軍の臣下・御家人よりも、北条得宗家の家臣・御内人《みうちびと》のほうが上位に立つようになってきた。御内人の平頼綱《よりつな》も、幕府内での影

響力が大きくなった1人である。その平頼綱に、泰盛の子・宗景が目を付けられた。謀反を企てていると中傷されて、一族が討伐されたのである。

この霜月騒動で安達泰盛一族を討伐した内管領《ないかんれい》・平頼綱は、永仁元年（1293年）に頼綱の専権を嫌った執権・貞時によって攻められ、自害した。これを、「平頼綱の乱」という。

永仁《えいにん》

期間 1293年9月6日～1299年5月25日
天皇 伏見天皇、後伏見天皇
出来事 九州探題の設置、平頼綱の乱

●永仁の鎌倉地震　1293年

正応6年（1293年）4月に、鎌倉をはじめとして関東で大地震が発生した。マグニ

チュード7以上の規模とされるこの地震は、「永仁の鎌倉地震」と呼ばれる。建長寺など多数の神社仏閣が倒壊し、2万3000人あまりの死者が発生した。

●永仁の徳政令　1297年

地震後、干ばつも心配された。困窮する御家人救済のため、幕府は永仁5年（1297年）に債務免除の徳政令を発布した。御家人所領の売買および質入れの禁止、売却・質流れした所領を元の領主が領有することを定めた。日本初の徳政令は、「永仁の徳政令」と言われる。

この発布の背景には、永仁2年（1294年）、資金難に喘ぐ幕府が蒙古襲来の論功行賞を打ち切った点がある。徳政令でその不満を和らげようとした。

正安《しょうあん》

期間

1299年5月25日〜1302年12月10日

天皇

後伏見天皇、後二条天皇

乾元《けんげん》

期間

1302年12月10日〜1303年9月16日

天皇

後二条天皇

嘉元《かげん》

期間

1303年9月16日〜1307年1月18日

天皇

後二条天皇

●嘉元の乱　１３０５年

乾元元年（１３０２年）、鎌倉で大火災が発生し、死者５００人を数えた。また、彗星の出現を不吉と捉えていたため改元が行われた。

嘉元３年（１３０５年）４月、北条師時《もろとき》を第10代執権とした北条貞時の屋敷が火災にあった。その翌日、連署・北条時村の屋敷が襲われ、時村は惨殺された。

犯人と目されたのは、越訴頭人《おっそとうにん》（幕府の訴訟機関の長）と得宗家の内管領・北条宗方《むねかた》だった。翌月に、幕府の討手が宗方邸に押し寄せ、宗方一族を殲滅。これを「嘉元の乱」という。

内管領・北条宗方の権勢が大きくなるのを嫌った貞時の陰謀と考えられる。北条一門同士の潰し合いを行わせ、陰謀によって北条得宗家のみの安泰を考えた貞時だった。しかし、元寇により困窮する御家人の不満が次第に沸点近くなりつつある状況がよく見えていなかった。

徳治《とくじ》

期間
1307年1月18日～1308年11月22日

天皇
後二条天皇、花園天皇

延慶《えんぎょう／えんけい》

期間
1308年11月22日～1311年5月17日

天皇
花園天皇

応長《おうちょう》

期間
1311年5月17日～1312年4月27日

天皇
花園天皇

正和《しょうわ》

期間 1312年4月27日〜1317年3月16日

天皇 花園天皇

どのような時代だったか

朝廷では、持明院統と大覚寺統が交互に天皇に即位する両統迭立を前提にしていたが、実際にはそのつど、どちらが即位するか揉めていた。南北朝の対立の魁がここにあった。

一方、鎌倉幕府の「執権」はめまぐるしく交代していた。第10代執権・北条師時は応長元年（1311年）に病死。同じ年に、第9代執権で、北条得宗家の貞時も病没した。

そこで、連署の宗宣《むねのぶ》が第11代執権となった。宗宣もまた師時同様に北条氏の傍流だった。その宗宣だが、1年ほどで辞任を余儀なくされた。第12代執権は第7

代執権・政村系の熙時《ひろとき》が就任した。しかし、正和4年（1315年）に熙時が病となり、さらに傍流の基時《もととき》が第13代執権になった。

それから1年後の正和5年（1316年）に、北条得宗家の第9代執権・貞時の三男である高時《たかとき》が第14代執権になった。

めまぐるしく変わる「執権」職だが、その交代劇は北条得宗家の執事である内管領・長崎円喜《えんき》が主導した。幕府を左右する実権を円喜が握っていたのである。将軍を傀儡《かいらい》として執権があった。その執権を独占し、幕府内で権勢を誇った北条得宗家が、いまや長崎氏の傀儡になっていたのだ。

文保《ぶんぽう》

期間 1317年3月16日〜1319年5月18日

天皇 花園天皇、後醍醐天皇

●文保の和談　１３１７年

幕府が、持明院統と大覚寺統に両統迭立を提案するが、協議は不調だった。しかし、幕府の強い意向で、両統それぞれに対して「皇位は最長10年で交代」と取り決めた。これを「文保の和談」という。慣例となっていた両統迭立を、幕府は正式に制度化しようとしたのである。

「和談」の翌年、文保2年（１３１８年）に、大覚寺統の後醍醐天皇が31歳で即位した。持明院統の花園天皇が在位10年を迎え、譲位によっての即位だった。30歳以上での皇位継承は、後三条天皇以来２５０年ぶりだった。

後醍醐天皇は父・後宇多天皇の院政を受け、兄の後二条天皇の皇子を皇太子とした。その次は交代なので、持明院統・後伏見天皇の皇子（のちの光厳《こうごん》天皇）を皇位につけるという流れで決められていた。

ただ後醍醐天皇の本音は、自らの皇子に皇位継承権がないことに不満があったという。また、両統迭立の原則を強行しようとする幕府に許せぬ気持ちを抱いていた。

元応《げんおう》

期間
1319年5月18日～1321年3月22日

天皇
後醍醐天皇

元亨《げんこう》

期間
1321年3月22日～1324年12月25日

天皇
後醍醐天皇

出来事
院政の廃止＝天皇親政の始まり

正中《しょうちゅう》

期間
1324年12月25日～1326年5月28日

天皇
後醍醐天皇

●正中の変　1324年

元亨4年（1324年）9月、後醍醐天皇による倒幕計画が発覚し、六波羅探題により側近の日野資朝《すけとも》や日野俊基《としもと》が鎌倉に連行され、資朝は佐渡島へ流刑されるなど処分された。

倒幕計画が行われた背景には、後醍醐天皇が、同じ大覚寺統で兄・後二条天皇の皇子で皇太子だった邦良《くによし》親王への譲位を迫られたこともあった。この譲位は、幕府も持明院統も認めたものだが、天皇親政の継続という強い意志を持つ後醍醐天皇には認めがたい取り決めだった。

そこで、側近の資朝らと謀り、倒幕計画を立てたのであった。まず、京都・奈良の大寺院の僧兵、地方の「悪党」と呼ばれる土豪武士を集める。さらに、資朝が東国にて、幕府に不満を持つ御家人に働きかけた。

こうした働きかけの中で、美濃国の土岐《とき》一族などが応じたが、土岐頼員《よりかず》は裏切り、六波羅探題に密告した。六波羅探題の対応は早く、首謀者として資朝、俊基が捕らえられた。ただし、後醍醐天皇の処分はなかった。幕府の判断としては、天皇が首謀者となると大問題に発展するため避けたのである。

嘉暦《かりゃく》

期間　1326年5月28日～1329年9月22日

天皇　後醍醐天皇

●嘉暦の騒動　1326年

「嘉暦の騒動」は、鎌倉幕府の執権・北条得宗家の内管領・長崎氏と、外戚の安達氏の抗争による内紛である。

事の始まりは、正中3年（1326年）3月にあった。第14代執権で、まだ24歳の北条高時が病のため出家してしまう。すると、内管領・長崎氏は、高時の嫡子・邦時《くにとき》を得宗家の後継者にした。まだ2歳の邦時が成長するまでの中継ぎの執権として、北条氏傍流の金沢貞顕《さだあき》を第15代執権に就任させた。

自分の娘を高時の正室に入れていた安達氏は、正室の子でなく得宗被官（御内人）の子である邦時の家督継承に反対し、高時の弟・泰家を高時の後継として推した。

評定に出席した執権・貞顕を見た泰家は、この決定に承服しがたく出家した。泰家に続き、安達一族、思いを同じくする御家人たちが次々に出家してしまう。貞顕の執権就任に反対する人々が多かったのである。

窮地に立たされた貞顕は執権を辞任し、同じく出家した。在職10日ほどの短い第15代執権だった。貞顕の出家後、執権のなり手がいない中で、引付衆一番頭人で、同じく北条氏傍流である赤橋守時が就任した。この第16代執権が鎌倉幕府最後の執権になった。

得宗被官の血縁がある邦時が後継者となったことからも、北条得宗家の力が低下し、部下である得宗被官の一族たちに飲み込まれていったことがわかる。

元徳《げんとく》

期間

1329年9月22日～1331年9月11日（大覚寺統）
1329年9月22日～1332年5月23日（持明院統）

天皇

後醍醐天皇、光厳天皇

※南北朝の始まりは、両統が別々の元号を立てた延元3年・暦応元年の1338年からとされているが、「元徳」の元号から後醍醐天皇の大覚寺統と光厳天皇の持明院統が元号の並存を始めていた。

元弘《げんこう》

期間

1331年9月11日～1334年3月5日

天皇

後醍醐天皇、光厳天皇

出来事

鎌倉幕府の滅亡

●元弘の乱　1331年

鎌倉幕府が時代の役割を終え、終焉の時期を迎えていた。この時期になると、二毛作が行われ始め、畿内を中心に商工業の発達も著しいものがあった。

これからの政は鎌倉という関東の要害の地でなく、農業と商工業が発達した豊かな京都で行うべきものと、治部大輔《じぶたいふ》の役に就いていた足利尊氏は考えるようになっていた。

新しい時代の扉は、後醍醐天皇と足利尊氏が押し開ける使命を与えられていた。

元徳3年（1331年）5月、「元弘」へと改元する直前に倒幕計画が発覚した後醍醐天皇だったので、幕府はこの改元を許さず、「元徳」を使い続けた。発覚のため身の危険を感じた後醍醐天皇は三種の神器を携えて京を脱出し、元弘元年（1331年）8月、笠置《かさぎ》山《やま》にて挙兵した。これを「元弘の乱」という。

後醍醐天皇の挙兵に呼応して、後醍醐天皇の皇子・護良《もりよし》親王、河内国悪党の楠木正成《くすのきまさしげ》らが挙兵した。しかし、この挙兵は足利尊氏（この時期は、高氏）、新田義貞《にったよしさだ》らの幕府討伐軍によって簡単に鎮圧された。後醍醐天皇は隠岐に配流され、幕府は持明院統の光厳天皇を即位させて「正慶」に改元した。

護良親王や楠木正成は幕府討伐軍から何とか逃げ切り、潜伏を続けて機会をうかがっていた。翌元弘２年（１３３２年）の冬に再び決起し、楠木正成は千早城に立て篭もり、ゲリラ戦術で戦いを長引かせた。

隠岐から脱出した後醍醐天皇が伯耆《ほうき》国の船上山《せんじょうさん》に入ると、倒幕の綸旨《りんじ》を発した。幕府の討伐軍に任じられていた足利尊氏だったが、近江の佐々木道誉《どうよ》や赤松則村《のりむら》とともに幕府に反旗を翻し、京の六波羅探題を落としたのだ。

源氏の名門で、幕府内で有力御家人だった足利氏が後醍醐天皇側につくと、全国の御家人、源氏たちはこぞって幕府に反旗を翻した。なかでも、上野の御家人で源氏だった新田義貞は上野国で挙兵し、鎌倉へ軍を進めた。この進軍に、尊氏の嫡子・千寿王《せんじゅおう》が預けられると、瞬く間に加勢の兵士で膨れ上がり、義貞は鎌倉軍を攻め込み、総崩れにさせた。

鎌倉幕府の終焉は、元弘３年（１３３３年）５月に東勝寺《とうしょうじ》の合戦において、北条高時、内管領・長崎氏以下８００人あまりが自害したことだった。

「元弘」への改元を許さなかった幕府が滅んだため、後醍醐天皇の改元が正式とされた。持明院統の光厳天皇、後伏見上皇、花園上皇らは、足利尊氏によって捕らえられてしまった。こうして後醍醐天皇の「建武」への改元により、新しい時代が幕を開けたのだ。

正慶《しょうきょう／しょうけい》

期間　1332年5月23日～1333年7月7日

天皇　後醍醐天皇、光厳天皇

※鎌倉幕府の滅亡により、「元弘」が正式な元号とされたため、消えた元号となっている。

第4章

南北朝時代の事件・出来事

南北朝時代

建武《けんむ》

期間
1334年3月5日～1338年10月11日（北朝・持明院統）
1334年3月5日～1336年4月11日（南朝・大覚寺統）

天皇
後醍醐天皇、光厳天皇、光明天皇

出来事
中先代の乱、湊川《みなとがわ》の戦い、
後醍醐天皇は吉野へ＝南北朝の分裂

●建武の新政　1334年

後醍醐天皇は、皇位決定に幕府が関わる現状に我慢がならなかった。皇位の決定は天皇が決めるべきだとの信念を持ち、自らの系統を皇位につけることを強く望んだ。

鎌倉幕府を滅ぼして京に入った後醍醐天皇は光厳天皇を廃位し、摂関、幕府、院政もすべて廃して、延喜・天暦時代の天皇親政を目指した。改革の志に燃える後醍醐天皇はその思いを元号に託して「建武」と改元した。

後醍醐天皇はまず論功行賞を行った。足利高氏の働きを重く見た後醍醐天皇は、自身の名である「尊治《たかはる》」から1字を与えて、「足利尊氏」とした。しかし、論功行賞で多くの公家には要職を与えたが、足利尊氏をはじめとする武士たちは冷遇した。

後醍醐天皇は、政務を扱う「記録所」、裁判を担当する「雑訴《ざっそ》決断所」、武家統制の「武《む》者所《しゃどころ》」などを設置して親政を推し進め、天皇が与える綸旨によって土地の所有権を明確にしていった。

こうした改革は武士たちの反感を買った。天皇と公家に権力が集中し、冷遇されている武士の不満は、源氏の棟梁・足利尊氏への期待に変わっていった。

建武2年（1335年）、北条氏残党討伐のために鎌倉に赴いた尊氏は、制圧後もそのまま留まり、独自に恩賞を与えて「建武の新政」から離脱した。この尊氏の判断に多くの武士が従い、天皇方に残った楠木正成、新田義貞と戦うことになった。

尊氏は、いったんは敗れて九州に逃れるが、建武3年（1336年）に九州の地で再び挙兵し、京を目指して大軍を率いた。「湊川の戦い」で楠木・新田の連合軍を破って入京すると、光厳天皇を復位させた後に光明天皇に譲位させた。

こうして尊氏は、京に室町幕府を誕生させたのだ。その一方で、京を脱出した後醍醐天皇は、吉野に朝廷を開く。ここに南北朝時代が始まったのである。

北朝 暦応《りゃくおう》

期間 1338年10月11日～1342年6月1日

天皇 光明天皇

出来事 鎌倉幕府の滅亡

南朝

延元《えんげん》

期間 １３３６年４月11日～１３４０年５月25日

天皇 後醍醐天皇、後村上天皇

北朝

康永《こうえい》

期間 １３４２年６月１日～１３４５年11月15日

天皇 光明天皇

南朝

興国《こうこく》

期間 １３４０年５月25日～１３４７年１月20日

天皇 後村上天皇

どのような時代だったか

南朝の後醍醐天皇が暦応2年／延元4年（1339年）に崩御した。鎌倉幕府を滅亡させ、「建武の新政」を実現した天皇であり、一代の傑物だった。「一代の主」（一代限りの中継ぎ天皇）の立場で即位したが、天皇親政を実現するため波乱の生涯を歩む。

正中の変、元弘の変で二度、倒幕に失敗。幕府の意向で光厳天皇が即位。「元弘」の改元がいったんは無効にされたと、幾たびも辛酸をなめながら剛志を貫き生き抜いた。足利尊氏、新田義貞、楠木正成らの支持を得て流刑先から帰京し、建武新政権を樹立した。

結局、新政は尊氏も離反し失敗に終わるが、後醍醐天皇は落胆しつつも戦いを止めなかった。吉野に南朝を建て、50数年に及ぶ南北朝対立の時代を迎えた。劣勢のまま後醍醐天皇は52歳で崩御した。朝敵討滅・京都奪回の遺命を受けた後村上天皇は翌年、国を興すことを誓って「興国」と改元した。

北朝

貞和《じょうわ》

期間　1345年11月15日～1350年4月4日

天皇　光明天皇、崇光《すこう》天皇

出来事　関東管領の設置、倭寇

南朝

正平《しょうへい》

期間　1347年1月20日～1370年8月16日

天皇　後村上天皇、長慶《ちょうけい》天皇

出来事　正平一統《いっとう》

北朝

観応《かんのう／かんおう》

期間　1350年4月4日～1352年11月4日

天皇　崇光天皇、後光厳天皇

●観応の擾乱《じょうらん》　1350年〜1352年

室町幕府内の争いである「観応の擾乱」は、二部構成になっている。第一部は足利尊氏の同母の弟である直義《ただよし》と足利尊氏の執事・高師直《こうのもろなお》との対立。第二部は尊氏と直義との兄弟対立であり、それぞれに与する武将が各地で戦闘を繰り返していたのである。

当時、室町幕府内では2つの派閥が生まれ、激しく対立していた。1つは実力主義でのし上がってきた新興の御家人が味方する師直派（師直派とは、尊氏派でもある）と鎌倉以来の旧御家人と足利一族が味方した直義派である。

貞和5年／正平4年（1349年）、高師直は南朝・楠木正行《まさつら》を撃破し、後村上天皇を吉野から追い出すなど、幕府の屋台骨を支える働きをしていた。対立が激しくなる中、師直排除の画策をした直義に対し、師直は直義邸を襲撃した。

直義は尊氏邸に逃げ込むと、尊氏は仲介に入り、事なきを得た。ただし、直義と尊氏の間にも軋轢は生まれていた。尊氏の庶子・直冬《ただふゆ》を養子にした直義と、嫡男の義詮《よしあきら》を後継者に考える尊氏。人物的には直冬が優秀だということもあり、それが2人の感情的なわだかまりになっていた。

改元が行われた観応元年／正平5年（1350年）、幕府内で孤立した直義はとりあえず出家する。これを不服とした直冬が九州で挙兵した。そして、直義は敵対していた南朝と和睦し、南朝の武士を味方にしたのだ。

南朝との連合軍である直義軍に尊氏・師直軍は敗走させられ、師直は直義派によって討ち取られた。その後、直義は尊氏と和議を結び、義詮の補佐として政務復帰を果たした。

すると、幕府の実権は直義に握られ、尊氏・義詮は傀儡のようなものに陥った。そのため、今度は尊氏が南朝と和議を結び、直義排除に動いた。これが、第二部の始まりである。

このとき、尊氏に出した南朝の条件は、北朝の天皇廃位と政権移譲、「三種の神器」の返還だった。条件をすべて受け入れた尊氏によって、分裂していた朝廷は再び1つになった。これを南朝の元号を取って「正平一統」という。

南朝から直義追討の綸旨を受けた尊氏は、観応3年／正平7年（1352年）に鎌倉で直義を降伏させた。直義は降伏後に、尊氏によって毒殺されたとする説が有力である。「観応の擾乱」はこうして終結した。しかし、その後、尊氏と南朝は再び敵対し合い、正平一統は4カ月ほどで破綻した。

北朝　文和《ぶんな／ぶんわ》

期間 1352年11月4日～1356年4月29日

天皇 後光厳天皇

北朝　延文《えんぶん》

期間 1356年4月29日～1361年5月4日

天皇 後光厳天皇

どのような時代だったか

当時、幕府と南朝の戦いはまだ続いており、一進一退という状況だった。こうした中で、延文3年／正平13年（1358年）に、初代征夷大将軍の足利尊氏が合戦で受けた怪我が悪化して病死した。嫡男・義詮が2代目の将軍になった。

北朝 康安《こうあん》

期間 1361年5月4日～1362年10月11日
天皇 後光厳天皇
出来事 康安の政変

●康安地震（正平地震） 1361年

康安年間は大火事と大地震、そして疫病の流行に悩まされた時代だった。

ここで、南北朝時代ならではのエピソードを一つ。康安元年／正平16年（1361年）6月に、西日本一帯に大地震が起こった。津波をともない大きな被害が出たこの地震を、北朝は「康安地震」と呼び、南朝は「正平地震」と呼んだ。同じ地震でも、それぞれ呼び名が違ったわけである。

北朝 貞治《じょうじ》

期間 1362年10月11日～1368年3月7日

天皇 後光厳天皇

● 貞治の政変　1366年

「貞治の政変」が起こる5年前の康安元年／正平16年（1361年）に、「康安の政変」があった。執事（のちの「管領」）・細川清氏《きようじ》が失脚した事件である。失脚した清氏は南朝へ走った。佐々木道誉が中心になり、清氏を追放したのである。

道誉は娘を斯波氏頼《しばうじより》に嫁がせていたこともあり、斯波氏と連携していた。道誉側に加担した斯波氏は政変後、第2代将軍・足利義詮の信任を受け、幕府内での地位が急速に回復したのだった。

斯波高経《たかつね》は、貞治元年／正平17年（1362年）に四男・義将《よしゆき》を執事に、さらに五男・義種《よしたね》を小侍所《こさむらいどころ》に推薦。幕府の要職を斯波一族に集中させたのである。こうした高経の動きに道誉や有力守護たちは反発し、抜き差しならない対立となった。

そのため将軍・義詮は、貞治5年／正平21年（1366年）8月、高経を側近の役から解き、領国の越前に追い返した。高経もまた失脚したのである。この事件を、「貞治の政変」という。

「貞治の政変」で、斯波一族は南朝方へ走らず守護国・越前へと下った。ここに、室町幕府の力が次第に強くなっていたことがわかる。なぜかというと、観応の擾乱では足利直義や尊氏と義詮、さらに細川清氏のように、北朝内部の権力闘争に敗れた武士は一時的に南朝へ下っていた。

加えて、将軍・義詮の下で、貞治2年／正平18年（1363年）に大内氏、山名氏ら有力守護が南朝から北朝へ帰順している。北朝の優位がほぼ確定し、全国的にも南北朝の動乱期が収まりつつあった。

斯波氏没落後、義詮は若狭・越前・越中・摂津などの斯波氏の守護職を没収し、幕府の御料所とした。しかし、その1年後の貞治6年／正平22年（1367年）には、斯波義将は許されて上洛。越中守護に復帰した。

さらに、讃岐に下っていた細川清氏の従兄弟・細川頼之《よりゆき》も上洛し、将軍・義詮の下に有力守護らが従う室町幕府体制が確立した。義詮は有力守護の力を抑え、公家・寺社からの信頼を取り戻したのである。

しかし、同年の12月、義詮は発病し没した。享年38歳。遺言により、執事・頼之が新将軍・足利義満《よしみつ》を支える体制となった。

北朝 応安《おうあん》

期間 1368年3月7日～1375年3月29日

天皇 後光厳天皇、後円融天皇

南朝 建徳《けんとく》

期間 1370年8月16日～1372年5月?日

天皇 長慶天皇

●応安の半済令《はんぜいれい》　1368年

応安元年／正平23年（1368年）、幕府は「応安の半済令」を発布。守護にすべての荘園年貢の半分まで徴収権を永続的に与えた。この半済令によって、守護は荘園・公領の半分の支配権を主張できるようになり、各地で荘園・公領が分割され、守護の支配権が拡大した。それはまた、荘園が次第に解体される第一歩でもあった。

鎌倉時代の守護は国内の軍事警察権を持つだけだったが、室町時代の守護は半済で得た権益から、軍事警察権に加え、荘園領主の権限も吸収していった。そして、領国内の在地武士である国人への支配も進め、「守護大名」化していったのである。

北朝　永和《えいわ》

期間　1375年3月29日～1379年4月9日

天皇　後円融天皇

南朝

文中《ぶんちゅう》

期間

1372年5月?日～1375年6月26日

天皇

長慶天皇

北朝

康暦《こうりゃく》

期間

1379年4月9日～1381年3月20日

天皇

後円融天皇

南朝

天授《てんじゅ》

期間

1375年6月26日～1381年3月6日

天皇

長慶天皇

●康暦の政変　１３７９年

この時期になってもまだ、九州では南北朝の争いが激しかった。この争いをさらに厄介なことにさせたのは、応安５年／文中元年（１３７２年）、南朝の懐良《かねよし》親王が明国から「日本国王」に封じられたことである。九州の武士たちはこぞって南朝に味方した。

そこで、室町幕府は今川貞世《さだよ》を九州探題として派遣し、南朝の懐良親王軍を攻撃した。大宰府での戦いに敗れた懐良親王は、肥後で力を持つ菊池氏に頼った。菊池武朝《たけとも》は懐良親王を奉じ、肥後を勢力下に収めた。

こうした情勢の中で、貞世は田原氏と協力し合い、奮闘し、次第に懐良親王の勢力を衰えさせた。さらに、何かと反抗的な態度を取る少弐冬資《しょうにふゆすけ》を暗殺したのだ。ただ、この暗殺は裏目に出てしまい、少弐氏と連携していた島津氏を南朝に寝返えらせてしまった。

しかし、永和３年／天授３年（１３７７年）、南九州の国人衆が北朝に下ると、北朝は一気に九州を制圧していった。

一方、幕府内では康暦元年／天授５年（１３７９年）、成人した第３代将軍・足利義満は細川氏を管領職から罷免した。細川派閥を幕府内から一掃したのである。そして新たに、斯波義将を管領にした。これは、管領・細川頼之の権限が拡大することを義満が嫌ったからだ。これを、「康暦の政変」という。

北朝

永徳《えいとく》

期間 1381年3月20日～1384年3月19日

天皇 後円融天皇、後小松天皇

南朝

弘和《こうわ》

期間 1381年3月6日～1384年5月18日

天皇 長慶天皇、後亀山天皇

※辛酉革命で南北朝同時に改元。

北朝

至《し》徳《とく》

期間

1384年3月19日〜1387年10月5日

天皇

後小松天皇

南朝

元《げん》中《ちゅう》

期間

1384年5月18日〜1392年11月19日

天皇

後亀山天皇

※変乱の多い年とされるため、甲子《かっし》革令《かくれい》により南北朝同時に改元。

北朝　嘉慶《かけい／かきょう》

期間　1387年10月5日～1389年3月7日

天皇　後小松天皇

北朝　康応《こうおう》

期間　1389年3月7日～1390年4月12日

天皇　後小松天皇

出来事　康応の外寇

北朝　明徳《めいとく》

期間　1390年4月12日～1394年8月2日

天皇　後小松天皇

●明徳の和約（元中一統）　1392年

南北朝の戦いが北朝有利で進み、南朝においても弘和年間の頃にはすでに講和派が主流になっていた。こうした情勢を踏まえて、室町幕府の第3代将軍・足利義満は有力な守護大名の勢力を削ろうと考えた。

義満はまず将軍への権力集中のために、守護職の任命権を掌握した。各守護家では継承争いが起きがちだったが、義満はそこに積極的に介入するようにしたのだ。介入した義満の裁断に不服を唱えた守護家には、討伐さえ辞さなかったという。

たとえば、明徳2年／元中8年（1391年）、畿内11カ国の守護だった山名氏を討伐したのだが、この討伐を「明徳の乱」という。この乱は内紛に紛れ、義満があえて山名氏が反乱を起こすよう仕向けたもので、その結果、領国は3カ国に減らされてしまった。残りの8カ国は、義満に恭順な守護大名に分配したのである。

こうして将軍家の権力と権威を確立したうえで、明徳3年／元中9年（1392年）に、義満は南朝に和睦を促した。敗戦続きで支配地が縮小した南朝は、すぐにこれを承諾する。

正平一統で南朝に引き渡された「三種の神器」を北朝に返還し、南朝の後亀山天皇は後小松天皇の皇位を認め退位した。

こうして56年にわたる南北朝の戦いは終焉した。この和睦を「明徳の和約」という。南朝の元号で考えると、「元中一統」になる。

全面降伏に近い南朝だが、義満は南朝の面目も立て、今後の両統迭立や大覚寺統の荘園領有などを認めたのであった。

第5章

室町・戦国・安土桃山時代の事件・出来事

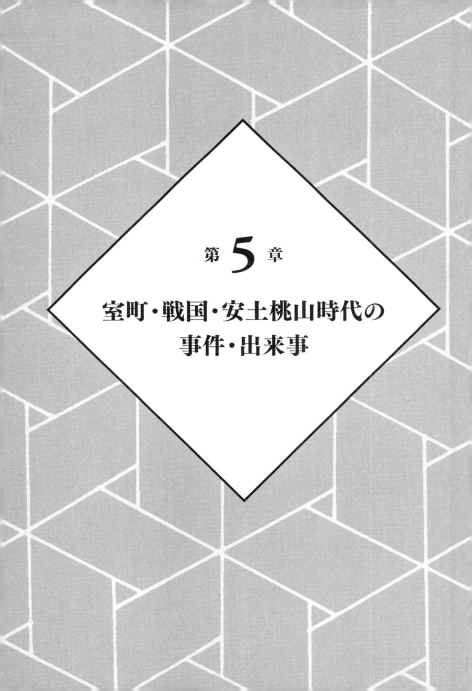

室町時代

応永《おうえい》

期間 1394年8月2日～1428年6月10日

天皇 後小松天皇、称光天皇

出来事 勘合貿易の開始、応永の外寇

●応永の乱　1399年

応永6年（1399年）に、「応永の乱」が起きた。この乱は、第3代将軍・足利義満が有力守護大名の力を削ぎ落としにかかり、その圧力に抵抗するため有力守護大名が起こしたものだった。その守護大名とは、九州の武士たちから信望を集めていた今川貞世と、中国地方と九州に影響力があった大内義弘であった。

大内義弘は堺で挙兵すると、義満の治世に不満を持つ鎌倉公方《くぼう》・足利満兼《みつかね》と幾人かの守護大名が同調した。しかし、大内軍が敗れると一瞬にして瓦解し、結果としては義満の権力を高めることになった。

応永の乱以降、義満の治世ではこうした乱は起こらず戦乱のない時代を迎えた。この時代を「応永の平和」と呼ぶ。

この平和の時代の応永8年（1401年）に、義満は遣明使を派遣。かつての南朝・懐良親王以来となる「日本国王」の称号を得て日明貿易を開始した。天皇を差し置き義満が「日本国王」という称号を得たことに朝廷からは不満が続出したが、日明貿易による莫大な利益を前に、義満は不満を封じ込めた。

室町幕府を磐石な体制にした義満は、応永15年（1408年）に51歳で死去した。朝廷は「太上法皇《だいじょうほうおう》」の尊号を贈るが、嫡子の第4代将軍・義持《よしもち》は辞退した。

どのような時代だったか

「元号」関連の類書で必ず取り上げられている話題に触れる。それは、応永年間は35年間続き、明治以降の「一世一元の制」が導入される前では最長の元号だったことだ。

応永元年（1394年）に、第3代将軍・足利義満が9歳になった嫡男・義持を第4代将軍とし、自らは太政大臣となってその実権を維持した。

この改元に際して、義満は「洪」の字を入れるよう朝廷に求めた。明の始祖で、初代皇帝・洪武帝《こうぶてい》にあやかりたいと考えたのだ。しかし、朝廷では、「洪」は「洪水」を連想させ不吉と反対され、結局、「応永」に決まった。

義満はこのときの改元のことを後々まで覚えていて、その後の改元を認めなかったという逸話が残っている。応永年間が長く続いたのは、「洪」の字に対する義満のこだわりだったのである。

正長《しょうちょう》

期間　1428年6月10日～1429年10月3日

天皇　称光天皇、後花園天皇

●正長の土一揆《どいっき》　1428年

正長の土一揆は、正長元年（1428年）8月から9月にかけて、百姓が起こした初めての一揆である。「正長の徳政一揆」とも言われる。

正長元年当時、凶作や流行病が見られ、頻繁に代わる将軍などで、社会不安が高まっていた。こうした中で、近江坂本や大津の馬借《ばしゃく》（馬を利用した運送業者）が徳政を求めたのである。その一揆は近江周辺から一気に畿内一帯に広がり、借金苦でのた打ち回る百姓たちが酒屋、土倉、寺院を襲い、実力行使による私徳政を行ったのだった。

永享《えいきょう》

期間 1429年10月3日〜1441年3月10日

天皇 後花園天皇

●永享の乱　1438年

第6代将軍・足利義教《よしのり》はくじ引きで将軍になった。事情はこうである。

第5代将軍・足利義量《よしかず》はまだ16歳で将軍に就任したが、実権は父・義持が握っていた。しかし、応永32年（1425年）に32歳の若さで義量が急死。その後も、引き続き義持が幕府の祭事を行ったが、応永35年（1428年）に病を得て、後継者の指名をしないままに亡くなった。

そこで、管領・畠山満家らが評議を開き、石清水八幡宮でくじ引きをして、義持の弟・義教が還俗し、次期将軍になったのである。

第6代将軍の有力候補だった鎌倉公方・足利持氏《もちうじ》は、幕府に許可を得ず嫡子の元服を行うなど、実際に将軍となった義教の意に沿わない行動が目立っていた。元号についても、持氏は「正長」を使い続け、これを諫言《かんげん》した関東管領・上杉憲実《のりざね》との間に対立が生まれた。

室町幕府は関東統治のため「鎌倉府」を設置、足利氏出身を鎌倉公方とし、その補佐をする関東管領を上杉氏の世襲にしていた。ただ、関東管領の補任は幕府が行っていたため、関東管領は幕府の意向に従う存在だった。これにより、鎌倉公方と関東管領はしばしば対立していたのだ。

そして、両者の対立は永享10年（1438年）に「永享の乱」になってしまった。義教は、すぐさま持氏討伐を命じた。幕府の大軍を前に持氏は降伏した。憲実は持氏の助命と持氏の嫡子・義久の鎌倉公方就任を嘆願したが、義教は許さなかった。むしろ、こうした嘆願をする憲実に反逆の心があるのではないかと疑い、討伐を命じた。

そこで、憲実は、永享11年（1439年）、持氏のいる永安寺をやむなく攻めた。そして、持氏は自害に追い込まれた。

憲実は戦後に子たちとともに出家し、政務から引退。憲実の弟の上杉清方《きよまさ》が管領代行になった。永享12年（1440年）には、下総の結城氏が持氏の遺児を奉じて、「結城合戦」が起きた。幕府は関東管領代行・山内上杉《やまのうちうえすぎ》氏らに討伐を命じたが、安易に収束できなかった。

嘉吉《かきつ》

期間 1441年3月10日～1444年2月23日

天皇 後花園天皇

●嘉吉の乱　1441年

第6代将軍・足利義教は、将軍に就任以降、第3代将軍・義満、第4代将軍・義持がそうであったように、守護大名を弱体化させ、将軍の権力強化を行おうとした。そこで狙われたのは、播磨・備前・美作の三国の守護であった赤松氏である。

もともと赤松氏は播磨の地頭だったが、鎌倉時代末期に赤松則村《のりむら》（円心）は後醍醐天皇の檄に応じ、鎌倉幕府打倒に尽力した。その功績で守護に任じられたが、恩賞への不満から足利尊氏に従ったという室町幕府にとっては功臣だった。幕府の四職の一つにもなっていた家柄である。

将軍・義教は、赤松家当主・満祐《みつすけ》の意向を確かめず、義教に従順な赤松一族への領地転換を勝手に行ったのである。危機感を募らせた満祐は将軍・義教を暗殺する。しかし、領国の播磨で幕府方討伐軍に敗れて討たれた。この騒動を、「嘉吉の乱」と呼ぶ。赤松氏は滅ぼされたが、この騒動で将軍の権威は失墜したのである。

義教の嫡男・義勝《よしかつ》が第7代将軍になったが、まだ9歳で、しかも在任8カ月で病死となってしまった。このため、幕府の有力守護大名である畠山氏や山名氏、さらには義勝生母の日野重子《しげこ》らが実権を握った。各地の守護大名は、ここから勝手な行動を取るようになっていった。

文安《ぶんあん／ぶんなん》

期間 1444年2月23日～1449年8月16日

天皇 後花園天皇

宝徳《ほうとく》

期間 1449年8月16日〜1452年8月10日

天皇 後花園天皇

どのような時代だったか

第7代将軍・足利義勝の話は、「嘉吉の乱」のところで触れた。文安年間のこの時期は将軍不在の時代だった。幕府の実権は、文安2年（1445年）に管領に就任した細川勝元《かつもと》が握っていた。

文安6年（1449年）、義勝の弟である足利義政が将軍となることがついに決まった。元服となった義政は、宝徳元年（1449年）に正式に第8代将軍に就任した。

就任後、将軍・義政は積極的に幕政に取り組み、将軍権威の強化を目指した。しかし、加賀守護の富樫氏の内紛に介入しようとした際に、管領・細川勝元に反対され、幕府を思うまま動かすことができなかった。ここから義政は、政治の世界から遠のくようになっていった。

享徳《きょうとく》

期間 1452年8月10日～1455年9月6日

天皇 後花園天皇

●享徳の乱　1455年

享徳3年（1454年）に、「享徳地震」が東北地方で起こった。津波により大きな被害が出たと言われている。

また、同じ年には、「享徳の乱」が勃発してしまう。第8代将軍・足利義政の時代である。第5代鎌倉公方・足利成氏《なりうじ》が関東管領・上杉憲忠《のりただ》を暗殺したことを契機に、幕府・足利将軍家と山内上杉家・扇谷上杉《おうぎがやつうえすぎ》家が、鎌倉公方・成氏と争い、関東一円に拡大。関東における戦国時代の幕開けになった騒動であった。

結局、文明14年（１４８３年）の終焉まで、争いは28年間も断続的に行われた。なお、鎌倉公方・成氏は「享徳」後の改元を勝手に認めず、文明10年（１４７８年）まで「享徳」を使い続けたという。

康正《こうしょう》

期間
１４５５年９月６日～１４５７年10月16日

天皇
後花園天皇

長禄《ちょうろく》

期間　1457年10月16日～1461年2月1日

天皇　後花園天皇

出来事　長禄の変、長禄・寛正の飢饉

寛正《かんしょう》

期間　1461年2月1日～1466年3月14日

天皇　後花園天皇、後土御門天皇

出来事　寛正の法難

どのような時代だったか

長禄元年（1457年）、赤松氏遺臣が南朝皇胤《こういん》の自天王《じてんのう》と忠義王《ちゅうぎおう》を騙し討ちにして、「禁闕《きんけつ》の変」（嘉吉3年・1443年）で持ち去られていた神璽《しんじ》を奪い返した。この事件を「長禄の変」という。この功績で、赤松家は再興された。

また、長禄年間に始まった「長禄・寛正の飢饉」だが、被害は拡大する一方だった。そのため改元されたのだが、第8代将軍・足利義政は寛正年間に入るとまったく政治には関心を示さなかった。義政はこの飢餓の惨状にも耳を傾けず、後花園天皇に諫められたが無視したとされる。

文正《ぶんしょう》

期間 1466年3月14日～1467年4月9日

天皇 後土御門天皇

●文正の政変　1466年

「文正の政変」とは、文正元年（1466年）に第8代将軍・足利義政の側近である伊勢《いせ》貞親《さだちか》と臨済宗の僧侶である季瓊真蘂《きけいしんずい》らが、諸大名の反発で追放された事件である。

側近のこの2人は義政に進言し、義政は斯波家の家督を斯波義廉《よしかど》から取り上げ、義敏《よしとし》に与えたのだ。義廉と縁戚関係だった山名宗全《やまなそうぜん》は、他の守護大名らとともに義廉を支持した。

また、伊勢貞親は将軍・義政の弟である足利義視《よしみ》を陥れるために、謀反の噂を流した。これに対して、義視の後見人である細川勝元は宗全と協力して、側近のこの2人を近江に追放したのである。

この政変で、義政は側近を中心とした政治を行えなくなり、残った諸大名は「応仁の乱」を起こしていった。

戦国時代

応仁《おうにん》

期間 1467年4月9日～1469年6月8日

天皇 後土御門天皇

●応仁の乱　1467年～1477年

「応仁」という元号は、全国の武士を戦国時代へと駆り立てた元号である。その起点となったのが、「応仁の乱」である。その始まりは「応仁」への改元前、文正2年（1467年）のことだった。その後、10年10カ月に及ぶ戦乱の時代に突入した。

そもそも室町幕府は有力守護大名の連合政権で、そのバランスのうえに成り立っていた。

幕府の最盛期は第3代将軍・足利義満の時代だったが、この時代を過ぎると有力守護大名で構成された重臣会議が政務議決機関として機能するようになった。

有力守護大名とは、江戸幕府の老中の役職だった三管領（斯波氏、細川氏、畠山氏）と、若年寄のような役職だった四職家（赤松氏、一色氏、京極氏、山名氏）のことである。

しかし、そのバランスが崩れたのが、第6代将軍・足利義教が守護大名の赤松満祐に暗殺された「嘉吉の乱」以降である。将軍家は弱体化し、有力守護大名家や将軍家では内紛が相次ぐ。そして、各地に戦乱が広がっていった。

こうした中、頭角を現してきたのが、山陰・山陽に地盤を築いた山名宗全と、畿内・四国・山陽の地盤を広げた細川勝元であり、この両家が幕政の主導権を争った。先に触れた「文正の政変」で義政の側近を退け、幕府の力がさらに弱まると、両家の主導権争いはますます激しくなっていった。

その最中、三管領の一つで、京都を軍事的に押さえていた山城守護職・畠山氏に内紛が勃発した。文正2年に、管領だった畠山持国《もちくに》の実子・畠山義就《よしなり》が、養子・畠山政長《まさなが》を攻めた。これが応仁の乱の発端だった。

義就を支持した山名宗全は、政長に畠山氏の家督を義就に返すように圧力をかけた。そこで窮地に陥った政長は、ついに京都上御霊《かみごりょう》神社において義就軍とぶつかり合った。政長には山名宗全と対立していた細川勝元が援助したことで、義就と政長＝実子と養子の戦いは激化していった。

加えて、第8代将軍・足利義政の後継ぎ問題が絡んでくる。実子のいなかった義政は、当初、後継ぎに弟・義視を指名した。ところが、義視を後継者に定めた翌年、妻・日野富子との間に義尚《よしひさ》が誕生した。

実子を将軍職にという富子と義視の間に家督争いが起きた。この争いに、幕府の実力者である細川勝元と山名宗全が介入してきた。細川勝元は義視の後見人になり、山名宗全は義尚を推した。各地の守護大名は、細川方（東軍）と山名方（西軍）に分かれて戦うことになり、戦果は瞬く間に日本全土に広まった。

この戦いにより、京都の市街地の大半は焼亡し、皇室や公家の所領が多く失われることとなった。朝廷の財政は著しく枯渇し、ほとんどの朝廷儀式が中止に追い込まれたという。

戦乱の最中には、義視が細川方から山名方に寝返るなど、次第に戦争の大義名分はどこかに押しやられてしまったが、それでも日本を二分する戦いは終わらなかった。

文明5年（1473年）、山名宗全と細川勝元が相次いで亡くなったことで、戦いはようやく鎮静化していった。あまりに長きにわたって戦ったことで、全国の武士たちの戦う気力が失せたとも言える。結局、山名宗全の後継者・政豊《まさとよ》と細川勝元の息子・政元《まさもと》の間で和睦が結ばれて、明確な決着もつかないまま終焉となった。

この「応仁の乱」を契機として室町幕府の有名無実化がさらに進み、戦国時代へと突入していく。

文明《ぶんめい》

期間 1469年6月8日～1487年8月9日

天皇 後土御門天皇

出来事 山城の国一揆

長享《ちょうきょう》

期間
1487年8月9日〜1489年9月16日

天皇
後土御門天皇

出来事
加賀の一向一揆

延徳《えんとく》

期間
1489年9月16日〜1492年8月12日

天皇
後土御門天皇

明応《めいおう》

期間
1492年8月12日〜1501年3月18日

天皇
後土御門天皇、後柏原天皇

出来事
明応の政変、明応の大地震

どのような時代だったか

長享2年（1488年）になると、「加賀の一向一揆」が起こり、本願寺門徒が守護大名・富樫氏を攻め滅ぼして、以後100年にわたり、加賀を門徒宗が中心となって治めた。室町幕府の権威は失墜し、戦いの火種は京都から全国へと飛び散っていった。

その頃、幕府では、延徳2年（1490年）に、第8代将軍・足利義政が死去し、その前年には第9代将軍・足利義尚が亡くなっていた。その後、第10代将軍に就任したのは、義政の甥・義稙《よしたね》だった。

しかし、将軍・義稙は政務に熱心なあまり、管領・細川政元の感情を害し、明応2年（1493年）に、政元は義稙を京都から追放した。これを、「明応の政変」という。その後、義稙は諸国を流浪することになった。

なお、明応7年（1498年）、東海道沖を震源地とする「明応の大地震」が発生する。この時期、後北条の始祖・北条早雲《そううん》は伊豆を平定し、さらなる高みを目指し、駆け上がろうとしていた。全国各地に下剋上の機運が満ち満ちていたのだ。

文亀《ぶんき》

期間 1501年3月18日～1504年3月16日

天皇 後柏原天皇

永正《えいしょう》

期間 1504年3月16日～1521年9月23日

天皇 後柏原天皇

●永正の乱・永正の錯乱　1507年

関東・北陸地方で「永正の乱」と呼ばれる一連の戦乱が発生した。その発端は、長尾為《ため》景《かげ》の謀叛による越後の内乱にあった。この内乱に端を発し、次々と各地で内紛が起きたのである。

次に起こった内紛は、山内上杉家の家督争いである。この内紛には、扇谷上杉家当主・

上杉朝良《ともよし》が仲介に動くが失敗した。その山内上杉家の内紛への対応をめぐり、今度は古河公方・足利政氏《まさうじ》と嫡男・高基《たかもと》との意見が割れ、家督争いへと発展したのである。そして、最後は扇谷上杉家の動きである。

勢力が次第に衰えている扇谷上杉家に、北条早雲は戦いを挑み続けた。早雲は権現山城（横浜市）の扇谷上杉家の重臣・上田政盛《まさもり》を離反させ、扇谷上杉家に攻勢を仕掛けた。さらに早雲は鎌倉に入り、相模をほぼ掌握し、鎌倉に玉縄城を築城した。

玉縄城を三浦氏攻略の拠点にして、三浦氏を三浦半島に閉じ込めてしまおうと考えた。こうして、平安末期からの名族・三浦氏はとうとう滅びたのである。

早雲は相模平定から2年後の永正15年（1518年）、家督を嫡男の氏綱《うじつな》に譲り、翌永正16年（1519年）に死去した。氏綱は武蔵国へ領国を拡大し、関東の覇者を目指すことになる。関東エリアは北条氏が支配を強めていくのだった。

時代は前後するが、「明応の政変」で幕府の実権を握った管領・細川政元は自らにとって都合のよい将軍を据えた。そのため、足利将軍の地位はさらに失墜し、世の中の混乱はますます拡大された。

ところが、永正4年（1507年）に政元は自邸で殺害された。湯殿で行水をしているところを、廃嫡した澄之《すみゆき》の一派に襲われ、殺害されたのだ。「永正の錯乱」である。政元には、澄之、澄元《すみもと》、高国《たかくに》の3人の養子がいたのだが、その後、家督争いが勃発する。

結局、高国と組んだ前将軍・足利義稙が復職した。第11代将軍となっていた足利義澄《よしずみ》は逃亡。その後、高国と衝突した義稙が京を出奔したため、義澄の遺児、足利義晴《よしはる》が第12代将軍に選ばれたのだった。

大永《だいえい》

期間 1521年9月23日～1528年9月3日

天皇 後柏原天皇、後奈良天皇

出来事 大永の五月《さつき》崩れ

どのような時代だったか

時代は少しさかのぼるが、明応9年（1500年）、父帝である後土御門天皇の崩御を受けて、37歳で後柏原天皇は即位した。しかし、朝廷は応仁の乱で財政が逼迫していたため、即位式を行うための費用が足りず、なかなか即位の礼を執行できずにいた。

第11代将軍・足利義澄は朝廷に献金しようとしたが、管領・細川政元に反対されてしまう。それからしばらく経った大永元年（1521年）に、足利将軍家や本願寺第9世宗主の実如《じつにょ》らの献金によって即位の礼をあげることができた。即位から22年後のことだった。

享禄《きょうろく》

期間 1528年9月3日～1532年8月29日

天皇 後奈良天皇

出来事 大物《だいもつ》崩れ

天文《てんぶん》

期間 1532年8月29日～1555年11月7日

天皇 後奈良天皇

出来事 鉄砲伝来、フランシスコ・ザビエル来日

●天文《てんぶん》法華《ほっけ》の乱　1536年

法華宗は、京都の武家、商工業者の間に広まった。天文初年頃から法華一揆を結成すると、細川清元とともに一向一揆と戦い、山門延暦寺を凌ぐ勢いを得た。

天文5年（1536年）から両者の間に宗論が起こり、説法中の山門僧を法華宗徒が論破。この論破が発端となり、山門延暦寺は他宗派である園城寺、東寺、祇園社、興福寺などに援助を求めた。他宗派はそれぞれ援助を断ったが、中立を約束したという。山門は6万人あるいは15万人ともいう勢いで、2万人あまりの法華一揆と対立。山門に協力した近江の大名・六角氏をも相手にしなくてはならなくなった法華宗は、京の拠点であった21の寺を焼かれ、堺に退去した。その後、天文11年（1542年）11月に勅許が下るまで、洛中での法華宗は禁教状態となった。

弘治《こうじ》

期間 1555年11月7日〜1558年3月18日

天皇 後奈良天皇、正親町《おおぎまち》天皇

出来事 長良川の戦い

どのような時代だったか

戦乱を憂いて改元が行われた。しかし、乱世の世はまだまだ終わりそうになかった。

改元直前の天文24年（1555年）に、毛利元就《もうりもとなり》と陶晴賢《すえはるたか》との間で「厳島の戦い」があった。寡兵の毛利氏だが、周到に戦略を練り、戦いに勝利した。この戦いでの勝利を足掛かりに、毛利氏は中国地方の覇者に成長していく。

美濃では、一つの時代が終わろうとしていた。弘治2年（1556年）に、美濃を20年ほど治めていた齋藤道三《さいとうどうさん》は、子・義竜《よしたつ》と長良川に戦い、敗死した。齋藤道三の下剋上はここに終わった。

一方、尾張の織田信長は永禄元年（1558年）、弟・信行を誘い、殺害した。織田一族での争いはまだ当分、続くことになる。

永禄《えいろく》

期間 1558年3月18日〜1570年5月27日

天皇 正親町天皇

出来事 永禄の変、桶狭間《おけはざま》の戦い、楽市令の制定

どのような時代だったか

永禄3年（1560年）、織田信長は「桶狭間の戦い」で今川義元《よしもと》を打ち破ると、永禄5年（1562年）には徳川家康と清州同盟を結ぶ。この後、信長は京を目指し、勢力を急速に拡大していった。

「桶狭間の戦い」の翌年である永禄4年（1561年）、甲斐の武田信玄と越後の上杉謙信が覇を争い、川中島で激突する。勝敗のつかぬ戦いだったが、この戦いの後、信玄は信濃を完全に領国とした。

この時代の室町幕府の将軍は、第13代将軍・足利義輝《よしてる》である。幕府権力と将軍権威の復活を目指した義輝は、戦国大名とのよしみを繋ぐことに尽力した。伊達家、里見家、北条家、武田家、長尾家と交流を盛んに行ったという。

しかし、永禄8年（1565年）、三好《みよし》三人衆（畿内で活動した三好長逸《ながゆき》・三好宗渭《そうい》・岩成友通《いわなりともみち》）と松永久秀《ひさひで》の襲撃を受けて、殺害された。義輝は、上泉伊《かみいずみい》勢守《せのかみ》から「鹿島新当流《かしましんとうりゅう》」を伝授された剣豪だったが、多勢に無勢で最期は殺害されてしまったのである。これを「永禄の変」という。

一方、永禄11年（1568年）、足利義輝の弟・義昭《よしあき》を新将軍として押し立てて信長は上洛を果たす。

元亀《げんき》

期間 1570年5月27日～1573年8月25日

天皇 正親町天皇

出来事 姉川の戦い、延暦寺焼き討ち、織田信長が足利義昭を追放＝室町幕府の滅亡

どのような時代だったか

織田信長に擁されて第15代将軍に就任した足利義昭は、室町の時代から戦国の時代へと大きく変貌した時代の流れをどう見ていたのだろうか。

義昭は自らが将軍に就任した際、元号を「元亀」と改元するため、朝廷に奏請した。信長はこうした改元が将軍の権威復活に繋がると考え、「正親町天皇の在位が続いているため必要ない」という理由から反対した。しかし、義昭は信長の言を聞かず、朝廷説得のために高額な献金まで行ったという。

こうして「元亀」に改元されたのだが、元亀3年（1572年）9月、信長は義昭に提出した「17か条の意見書」で、「元亀の年号は不吉である」と述べ、「元亀」から改元するよう申し出ている。

結局、元亀4年（1573年）7月に、信長は義昭を京都から追放した。義昭が3000の兵を集め、信長打倒の烽火を上げたからである。この追放によって、室町幕府の滅亡は決まった。追放後に改元を実行させ、「天正」という元号になった。信長の時代を象徴する元号である。

ここで、元亀年間に起きた主な出来事を簡単に触れる。

元亀元年（1570年）6月、姉川の戦い。同年8月、織田信長と石山本願寺との10年あまりにわたる抗争が始まる。

元亀2年（1571年）2月から4月、甲斐の武田信玄は三河・遠江に侵攻。同年9月、信長は延暦寺を焼き討ちにする。

元亀3年7月、信長は近江・浅井長政を攻める。同年秋、信玄による西上作戦の発動により、三河・徳川領は2方面から同時侵攻される。信玄の勢いに、義昭は「打倒、信長」の想いを熱くした。同年12月、徳川家康、遠江三方ヶ原の戦いで武田勢に大敗する。迫りくる信玄の信長包囲網により、信長は危機感を覚える。

しかし、元亀4年に信玄は西上作戦の途上で三河から撤退。義昭の期待もむなしく、信玄は甲斐へ帰国するも帰途の信州で死去してしまう。そして、先ほどの信長による義昭追放へと繋がるのである。

安土桃山時代

天正《てんしょう》

期間 1573年8月25日～1593年1月10日

天皇 正親町天皇、後陽成《ごようぜい》天皇

出来事 一乗谷城の戦い、長篠の戦い、本能寺の変、小牧・長久手の合戦、豊臣秀吉が小田原征伐＝全国統一

どのような時代だったか

室町幕府の第15代将軍・足利義昭を京都から追放した3日後に、織田信長から朝廷へ改元の奏請があった。追放から7日後に「天正」に改元されたのである。

この改元は、「天下人・信長」を内外に示した。「天正」は、『文選《もんぜん》』と『老子』の中の一文から生まれた元号である。要約すると、「民は食物を天と仰いでいる。物事を正すとに、根本を整えること」という意味と「清らかに静かにすることが天下の規範」という意味である。

どちらも、「応仁の乱」以来の戦乱を終わらせ、民のために平和で安定した世の中にする想いがあった。「天正」に改元後、信長は着々と天下統一への歩みを進めた。

信長は天正元年（1573年）に、「一乗谷城の戦い」で朝倉義景《よしかげ》を、「小谷《おだに》城《じょう》の戦い」で浅井長政をそれぞれ滅亡させた。天正3年（1575年）には、信長と徳川家康の連合軍が「長篠の戦い」で宿敵・武田勝頼軍を破る。以後、武田氏は凋落、天正10年（1582年）の滅亡を待つのみだった。

さらに、天正8年（1580年）には、長年、信長を悩ませた石山本願寺と和議を結び、10年にわたる「石山合戦」をついに終結させた。

また、天正4年（1576年）に琵琶湖に築城を開始した安土城は、天正7年

（1579年）に完成。信長による天下統一はもう間近と思われた。

ところが、天正10年、明智光秀の突然の謀反「本能寺の変」により、信長はこの世から消えてしまった。その光秀を「山崎の合戦」で討ち果たした豊臣（羽柴）秀吉は信長の後継者という立場をつくり上げていく。

天正13年（1585年）、関白となった秀吉は四国を平定し、天正15年（1587年）には九州も平定、天正18年（1590年）には北条氏を「小田原征伐」で降伏させる。これにより100年以上続いた戦乱は終わり、秀吉によって天下統一されたのである。

●⑤天正遣欧少年使節の派遣　1582年〜1590年

天正年間に、4人の少年たちがヨーロッパへと派遣されていた。初めてヨーロッパに渡り、日本へ戻って来た日本人とされる「天正遣欧少年使節」である。

天正10年（1582年）に、九州のキリシタン大名だった大友宗麟《そうりん》、有馬晴信、大村純忠らが、ヨーロッパの地で若者たちにキリスト教を見聞させ、日本での布教活動に力を入れることを目的として派遣したものだ。選ばれたのは、伊東マンショ、千々石ミゲル、中浦ジュリアン、原マルティノの4人。いずれもキリシタンで、当時まだ13～14歳だった。

命懸けの船旅により、3年をかけてヨーロッパに到着した一行は、ポルトガル、スペインを経てイタリア・ローマでローマ教皇グレゴリウス13世への謁見を果たす。現地では遠い異国の地から訪れた彼らを歓迎し、盛大なパレードが行われたという。

帰路に着いた彼らが海を渡っていた天正15年（1587年）、日本では豊臣秀吉がバテレン追放令を発布。バテレンとはポルトガル語の「神父」を意味し、キリスト教の宣教を制限する旨を表明した。

そのため、4人が日本に戻った天正18年（1590年）には、国内でのキリスト教の活動は制限されることとなった。それでも彼らは秀吉に謁見し、西洋音楽を演奏して聴かせたとされている。

●天正地震　1585年

近畿から東海地方にまたがる一帯で大地震と津波が起きていた。のちに「天正地震」と呼ばれるこの震災の影響で、飛騨（現在の岐阜県）の帰雲山《きうんざん》が山崩れを起こした。帰雲城の城主・内ヶ島氏理《うちがしまうじまさ》と一族は死亡し、内ヶ島氏は滅亡した。

文禄《ぶんろく》

期間　1593年1月10日～1596年12月16日

天皇　後陽成天皇

出来事　太閤検地

●文禄の役　1592年～1596年

天下統一を果たした豊臣秀吉は、さらなる支配を求め15万人以上の大軍を朝鮮に送り込み、文禄元年（1592年）に「文禄の役」を起こした。ゆくゆくは明の征服を目論んでの出兵であり、朝鮮はその道すがらにあったため従属させようとしたのだった。

漢城《かんじょう》、平壌《ピョンヤン》と順調に勝利を重ねていった日本軍だったが、明が援軍を投入したことや、朝鮮内の民衆が蜂起したことにより、徐々に膠着状態になってしまった。そこで和平に向けて交渉が行われることになった。明は日本に降伏状の提出を求め、日本は明に朝鮮半島の南半分の譲渡や日明貿易の再開などを要求した。

しかし、日本も明も、自分たちが負けたとは思っていなかったので、お互いに要求を認めさせることはできず、交渉は決裂。ここから「慶長の役」へと続いていく。

どのような時代だったか

天正14年（1586年）に即位した後陽成天皇による改元ということだが、少し無理がある。

むしろ、後継者がいなかった豊臣秀吉の養子となった豊臣秀次《ひでつぐ》が関白就任になった祝いの改元と考えたほうがいいだろう。この当時、豊臣家と朝廷の関係は良好だった。何より天下を治めるための権威を必要とした秀吉は、関白になる見返りとして莫大な金銀を天皇や公家たちに贈っていた。朝廷から秀吉への忖度があったはずだ。

秀吉の立場から考えると、「文禄」という元号には強い愛着があっただろう。主君・織田信長の天下を念頭に定められた「天正」を、天正13年（1585年）、関白就任以降も秀吉は守り続けてきた。ここにきて、己の意志で改元を奏上しても許される政治的な環境がやっと整ったのであった。

秀次はその後、秀吉に実子・秀頼《ひでより》が誕生すると次第に疎まれ、文禄4年（1595年）に自害に追い込まれた。

しかし、この時期は、秀吉の天下統一を名実ともに実現するための最終段階になった時期でもある。文禄3年（1594年）には最大規模の太閤検地（文禄検地）も行われた。

慶長《けいちょう》

期間 1596年12月16日～1615年9月5日

天皇 後陽成天皇、後水尾《ごみずのお》天皇

出来事 関ヶ原の戦い、徳川家康が征夷大将軍に＝江戸幕府の始まり、大坂冬の陣、大坂夏の陣

●慶長の役　1597年～1598年

「文禄の役」に決着をつけるべく、豊臣秀吉は再び14万人以上の兵を朝鮮に送り込んだ。慶長2年（1597年）から始まった「慶長の役」である。

釜山《プサン》に進軍した日本軍だったが、呆気なく意外な幕引きを迎える。翌慶長3年（1598年）に秀吉が病死してしまうのだ。もともと朝鮮出兵に積極的だった大名は多くなかったため、総大将の秀吉の死により早々に撤退することとなった。

秀吉の野望によって進められた朝鮮出兵には、多大な資金が費やされていた。駆り出されて朝鮮に渡った兵士の数も相当なもので、この出兵により豊臣政権は一気に弱体化して

いく。そこに付け込んだのが徳川家康であり、その後、天下分け目の「関ヶ原の戦い」に勝利すると、江戸幕府を開くのであった。

どのような時代だったか

文禄年間と、続く慶長年間は地震が多い時代だった。文禄5年（1596年）7月に四国の伊予国で大地震が発生、その3日後には別府湾を震源とした「豊後地震」、その翌日に京都で「伏見地震」と、巨大地震が相次いで起こったのだ。伏見地震では、完成間もない伏見城が倒壊した。

このため改元となったのだが、慶長9年（1605年）に、東海・東南海に「慶長大地震」が発生。太平洋岸に津波が襲来し、1万～2万人の命を奪った。さらに慶長16年（1611年）8月には直下型の「慶長会津地震」が、同年10月には「慶長三陸地震」が発生し、大津波によって大きな被害が出た。

「慶長の役」が慶長2年（1597年）から再び始まったが、この役と「文禄の役」とあわせて「慶長・文禄の役」とも呼ばれている。「慶長の役」の最中に豊臣秀吉が死去したため全軍が撤退するが、この無謀な役によって豊臣政権は武家、民衆からの信頼を失っていた。

豊臣政権は秀吉の死による改元を朝廷に求めたが、朝廷から拒否されていた。豊臣政権下で五大老筆頭の地位にあった徳川家康は、慶長4年（1599年）9月には大坂城西の丸に入り、大坂城で政務を行い始めた。家康は他の五大老・五奉行に諮ることなく、大名の増加・転封を断行するようになったのだ。

こうした秀吉との取り決めを破る家康の専制に、秀吉の子飼いで五奉行の1人だった石田三成は反発した。この衝突が慶長5年（1600年）9月、家康の東軍と三成の西軍に分かれ、「関ヶ原の戦い」に発展する。この戦いでの東軍の勝利が、家康が天下を握るきっかけになった。

慶長8年（1603年）、家康は朝廷から征夷大将軍を任命されて、江戸幕府（徳川幕府）を開いた。慶長10年（1605年）には、嫡子・秀忠に将軍職を譲った。将軍職が徳川家の世襲ということを天下に示したのだ。

加えて、家康は開幕前の慶長6年（1601年）に、慶長丁銀と慶長小判を発行させた。全国を支配するうえで貨幣制度の整備は重要との考えからだった。

「関ヶ原の戦い」以降、豊臣家は一大名として存続したが、その存在は一大名では収まらず、まだまだ西日本の諸大名には影響力を持っていた。そのため、家康は慶長19年（1614年）の「大坂冬の陣」、翌年の「大坂夏の陣」で豊臣家を滅亡に追い込んだのだった。

第6章

江戸時代の事件・出来事

江戸時代

元和《げんな》

期間 1615年9月5日～1624年4月17日

天皇 後水尾天皇

出来事 武家諸法度・禁中並公家諸法度の制定

●元和偃武《えんぶ》　1615年

慶長20年（1615年）に、江戸幕府は元号を「元和」と改め、大坂の陣での豊臣家の滅亡によって、天下太平の世が訪れたことを高らかに内外に宣言した。「偃武」とは、「武器を収め、用のないこと」という意味である。

豊臣家が滅亡したことで、もはや徳川家に歯向かう大名はいなくなった。応仁の乱以来、約150年近く続いた戦乱の世が終わりを告げたのだった。

元和年間に出された「武家諸法度」と「禁中並公家諸法度」の制定によって、江戸幕府の支配の枠組みはできあがった。この時代は目覚ましく経済発展を遂げた時代であり、江戸幕府は徹底した米本位制度を実施した。

幕府は、「石高」という土地の標準的な玄米収穫量を基準に年貢を徴収し、各領主は家臣に米で禄を支払う。家臣たちはその米を販売し、得た代金で必要なものを購入するという制度を確立させたのだ。

一代の英雄であった徳川家康が駿府城で死去したのは、元和2年（1616年）4月だった。その死に、後水尾天皇は家康に薬師如来を意味する「東照大権現《とうしょうだいごんげん》」の神号を与えた。この神号は「正一位」の神階をともなっており、没後の将軍に与えられたものとしては最高位のものだった。

寛永《かんえい》

期間 1624年4月17日～1645年1月31日

天皇 後水尾天皇、明正《めいしょう》天皇、後光明天皇

出来事 紫衣《しえ》事件、島原の乱、鎖国の完成、参勤交代

●寛永の大飢饉　1640年～1643年

寛永17年（1640年）、「寛永の大飢饉」が起こった。その被害の中でも、特に東日本の日本海側の被害は甚大で、多くの餓死者が発生した。

この飢饉は3年ほど続いた。不作が続いた影響によって、江戸、京都、大坂の三都の人口が増大した。地方から逃れてきた飢えに苦しむ百姓や、身売りされた人々が流れついたからだ。

この飢饉を受け、幕府は寛永20年（1643年）に「田畑永代売買禁止令」を発布。百姓が困窮して田畑を売らぬよう、所持する田畑の移動や集中を禁止した。この禁止令は明治5年（1872年）まで続いた。

どのような時代だったか

「寛永」は、「甲子革令」による改元とされているが、徳川家光の第3代将軍就任も影響しているとの説もある。

寛永14年（1637年）に、「島原の乱」（島原・天草一揆）が起こった。九州のキリスト教徒と年貢に苦しむ農民たちが、16歳の天草四郎を総大将として起こした大規模一揆だ。抵抗が激しく、幕府は鎮圧に4カ月近くもかかった。以後、国内のキリスト教徒は厳しく弾圧され、また明、朝鮮、琉球、オランダ、アイヌ民族以外との交渉が禁じられたため鎖国状態になったのだった。

寛永年間は、江戸幕府の支配体制の基礎を築いた時期である。寛永10年（1633年）に奉書船（幕府によって特別に許可された海外渡航船）以外の海外渡航を禁じ、また、在外5年以上の日本人の帰国を禁止とする第1次鎖国令を発した。その後、寛永16年（1639年）の第5次鎖国令の発布をもって鎖国体制は完成したのだった。

また、寛永12年（1635年）には、元和元年（1615年）に発布した「武家諸法度」の改正が行われた。自発的に行われていた諸大名の江戸参勤を義務化し、寺社奉行の創設によって、全国の神社を管理した。こうして江戸幕府による支配体制が確立していったのだ。

正保《しょうほう》

期間 1645年1月31日〜1648年4月7日

天皇 後光明天皇

慶安《けいあん》

期間 1648年4月7日〜1652年10月20日

天皇 後光明天皇

出来事 慶安の御触書、慶安の変

どのような時代だったか

慶安4年（1651年）に、第3代将軍・徳川家光が死去し、第4代将軍に家綱が就任した。11歳と幼い将軍だったが支える体制は磐石で、揺らぐことはなかった。

同年、軍学者・由井正雪《ゆいしょうせつ》らによる「慶安の変」が起こった。この幕府転覆計画は難なく未然に防いだが、幕府はこの計画の背後にあった状況を重く見た。全国で浪人が増大し、仕官の先もなく、不満が高まっていたのだ。そこで、幕府は各藩に浪人を採用するよう奨励し、また改易（身分を剥奪し、所領を没収すること）の条件を緩和して浪人が増えないようにした。

武力で藩を取り潰す家光の時代までの武断政治から、法制度の整備によって秩序を保つようはかる文治政治へと変わっていった。

承応《じょうおう》

期間 1652年10月20日～1655年5月18日

天皇 後光明天皇、後西《ごさい》天皇

明暦《めいれき》

期間 1655年5月18日～1658年8月21日

天皇 後西天皇

●明暦の大火　1657年

江戸時代は、歴史に残る大火が繰り返された時代である。特に江戸の町全体に燃え広がるような大火災がたびたび起きている。

明暦3年（1657年）に発生した「明暦の大火」は、江戸三大大火の一つであり、世界的に見ても大規模な火災とされている。

まず火の手が上がったのが本郷の本妙寺《ほんみょうじ》だ。そこから神田、京橋方面へ広がり、隅田川の対岸まで燃え広がった。ほどなく小石川伝通院の門下でも火災が発生。飯田橋から九段の一帯が燃えて、江戸城の天守閣も燃えてしまったという。さらに麹町からも燃え広がり、江戸市中のなんと半分以上が焼けてしまった。

はっきりとした死者数はわかっていないが、3万～10万人だと言われている。亡くなった無縁の人々を葬るために、第4代将軍・徳川家綱によって両国に回向院《えこういん》が開かれた。

「明暦の大火」には、その出火原因に諸説がある。人口が増えた江戸の町の整備を一気に進めるために、幕府が火を放ったという説は、実際に市街地の発展や隅田川にかかる橋が増えたことなどから説得力はあるが、江戸城まで焼けてしまっていることから疑問視されている。

また、「振袖火事」とも呼ばれる原因となった説は、本妙寺で供養のために燃やしていた振袖が強風に飛ばされたことで燃え広がったとされているが、やはり信ぴょう性は定かではない。さらには、本妙寺近くの老中・阿部忠秋《ただあき》の屋敷から失火したという説まである。

万治《まんじ》

期間
1658年8月21日～1661年5月23日

天皇
後西天皇

出来事
万治の大火

寛文《かんぶん》

期間
1661年5月23日～1673年10月30日

天皇
後西天皇、霊元天皇

出来事
シャクシャインの戦い、寛文近江・若狭地震

延宝《えんぽう》

期間
1673年10月30日～1681年11月9日

天皇
霊元天皇

出来事
延宝八戸沖地震、延宝房総沖地震

天和《てんな／てんわ》

期間
1681年11月9日～1684年4月5日

天皇
霊元天皇

出来事
天和の大火

●天和の治　1682年～1683年

第5代将軍・徳川綱吉というと、「生類憐みの令」を発布した将軍ということで悪評がついて回っているが、将軍就任後の天和年間では優れた治世を行っていた。この頃の治世を

「天和の治」という。

まず天和2年（1682年）に、幕府の財務監査をする「勘定吟味役」を設置。この役職は、低い家柄でも有能な幕臣を登用するようにした。

続いて、天和3年（1683年）に、「天和の武家諸法度（天和令）」を発布した。この改変で、殉死（主君の後を追って家臣が自殺すること）を禁止し、末期養子《まつごようし》（武家の当主に子がなく、後継ぎとして緊急に養子縁組すること）の禁止を緩和した。

また、学問好きの綱吉は、特に礼儀による秩序を重んじ、儒学に傾倒した。それが政策にも反映され、儒学の創始者・孔子を祀る孔子廟《びょう》「湯島聖堂」を建立、学問所として発展を遂げた。

綱吉は積極的に推し進めた政策がある程度成功し、幕政刷新に努めたとされる。第8代将軍・徳川吉宗《よしむね》は、綱吉の定めた天和令をそのまま採用するなど、綱吉の治世を模範とするような政策が多いと言われている。

貞享《じょうきょう》

期間	1684年4月5日～1688年10月23日
天皇	霊元天皇、東山天皇
出来事	生類憐みの令発布

元禄《げんろく》

期間	1688年10月23日～1704年4月16日
天皇	東山天皇
出来事	赤穂浪士の討ち入り

●元禄文化　1688年～1704年

京阪など上方を中心に「元禄文化」が花開いた。それまで文化の担い手は公家や武士だったが、元禄文化は豪商や庄屋・地主、大名たちが担い手となった。朱子学、自然科学、古典研究が発達する一方、元禄の三大文学者と称される井原西鶴《さいかく》、松尾芭蕉、近松門左衛門をはじめとする作家たちによる浮世草子や俳諧が大人気となった。

井原西鶴は『好色《こうしょく》一代男』を書き、戯作《げさく》家の近松門左衛門が書いた『曽根崎心中』は、人形浄瑠璃や歌舞伎で演じられた。また、松尾芭蕉は元禄2年（1689年）に江戸を発ち、『奥の細道』を著した。

絵画は元禄文化を象徴する「燕子花図《かきつばたず》屏風」を描いた尾形光琳《こうりん》、「風神雷神図屏風」を描いた俵谷宗達《たわらやそうたつ》、「見返り美人図」で浮世絵を知らしめた菱川師宣《ひしかわもろのぶ》らが挙げられる。

また、元禄15年（1703年）に「赤穂事件（赤穂浪士の討ち入り）」が起こった。前年、播磨赤穂藩・藩主の浅野内匠頭《あさのたくみのかみ》が、江戸城松之大廊下で高家旗本・吉良上野介《きらこうずけのすけ》を斬りつけ、その罪により浅野は即日切腹、浅野家も改易となったのだ。

浅野家・家老の大石内蔵助《くらのすけ》はこの処分を不服とし、元禄15年に46人の同志とともに吉良邸に討ち入り、主君の仇《かたき》を討った。

幕府の秩序を乱す討ち入りであるとして、幕府は大石ら全員にも切腹を命じた。その後、無数の芝居や小説の題材となった「赤穂事件」に、庶民たちはつど喝采を送り続けた。

宝永《ほうえい》

期間 1704年4月16日～1711年6月11日

天皇 東山天皇、中御門天皇

出来事 宝永の大火

●宝永地震・宝永大噴火　1707年

宝永年間は、地震と噴火が続けて発生し、大きな被害が出ている。宝永4年（1707年）10月に、巨大な地震が発生。「宝永地震」と呼ばれるこの地震は、震源が東海道沖から南海道沖で、マグニチュードは8・4～8・7とされている。海底が震源のため、遠州灘から紀伊半島にかけての津波の被害は凄まじく、2万人を超える死者が出た。

同年11月、今度は富士山の大噴火が発生。この「宝永大噴火」は2週間ほど続き、火山灰は関東一円に飛散したという。江戸の町でさえ数センチ積もるほど大量の火山灰で、昼間でも灯りがないと暗かったとされる。現在、「宝永大噴火」が富士山の最後の噴火となっている。

正徳《しょうとく》

期間 1711年6月11日～1716年8月9日

天皇 中御門天皇

●正徳の治　1709年～1716年

第6代将軍・徳川家宣《いえのぶ》は、将軍就任後わずか3年の正徳2年（1712年）に病死した。そのため、第7代将軍は家宣の子・わずか4歳の家継《いえつぐ》になった。実際の政務は、家宣の政治顧問だった儒学者・新井白石《はくせき》と家宣の側用人だった間部《まなべ》詮房《あきふさ》が行った。白石と詮房が行った改革を「正徳の治」という。宝永6年（1709年）から開始されたものだが、正徳の元号が付けられている。

まずは悪評高かった生類憐みの令を廃止。それまで伏見宮家、京極宮家、有栖《ありす》川宮《がわのみや》家の三家だった宮家に、皇統が断絶しないよう万が一に備え、宝永7年（1710年）に新たに閑院宮《かんいんのみや》家を創設した。

続いて、金の含有率を上げた「正徳小判」を発行した。元禄年間に引き下げられていた含有率を慶長年間の頃と同等に戻したのだ。インフレを食い止めるために行ったことだったが、結果的にはデフレを招くことになってしまう。

他に、朝鮮通信使の待遇を簡素化し、朝鮮王国との対等化をはかるなど、幕政改革を進めてきたが、正徳6年（1716年）に家継が病にかかり亡くなると、白石は失脚してしまった。

享保《きょうほう》

期間 1716年8月9日～1736年6月7日

天皇 中御門天皇、桜町天皇

出来事 享保の打ちこわし

●享保の改革　1716年～1736年

徳川宗家が断絶したため、第8代将軍は、御三家・紀州徳川家から選ばれた徳川吉宗であった。吉宗は「正徳の治」の改革を見直し、自ら積極的に幕政改革に取り組んだ。江戸時代の三大改革の一つ、「享保の改革」である。

まず誰もが知っているのが、「目安箱」の設置だろう。享保6年（1721年）に江戸城辰ノ口《たつのくち》に設置された。江戸に暮らす庶民の意見を、将軍が直接知るためのものだった。この投書から無料で診療を受けられる「小石川養生所」が設置され、「町火消」の整備が進められた。

また、財政を立て直すための政策も次々と実施された。「上米《あげまい》の制」は、米を幕府に献上する代わりに、参勤交代の期間を短くするというものだ。石高1万石につき100石を納めると江戸に在府する期間が1年から半年に緩和された。

年貢の徴収法は、それまでの「検見《けみ》法」から「定免《じょうめん》法」に変更された。その年の収穫によって徴収量が変化していたが、これを毎年変わらず一定量を徴収することにしたのだ。

また、新田開発を奨励するなど、米の生産量を増やすための施策も行われた。ただ年貢の割合は、享保13年（1728年）に四公六民から五公五民に引き上げられた。

加えて質素倹約に努める政策により、幕府の収入は増え、安定したとされるが、負担増は百姓の生活を苦しめ、各地で起こる一揆も増加した。

●享保の大飢饉　1732年

江戸四大飢饉の一つ「享保の大飢饉」が享保17年（1732年）に発生した。原因は冷夏と虫害による大凶作で、中国・四国・九州など西日本を中心に被害が広がった。餓死者は1万2000人以上、飢えに苦しんだ人が250万人とされている。特に瀬戸内海の被害は甚大だった。

翌年には米の価格が高騰したことで、江戸の町人たちが米商人の蔵を襲撃し、「享保の打ちこわし」が発生。江戸時代最初の打ちこわしである。

なお、この飢饉で餓死者を出さなかった地域がある。瀬戸内海の大三島《おおみしま》だ。この島ではサツマイモによって飢えを逃れることができたという。それを知った将軍・徳川吉宗は、米以外の作物栽培を奨励し、当時は珍しかった東日本でもサツマイモの栽培が普及していった。

元文《げんぶん》

期間
1736年6月7日～1741年4月12日

天皇
桜町天皇

出来事
元文一揆

寛保《かんぽ／かんぽう》

期間
1741年4月12日～1744年4月3日

天皇
桜町天皇

出来事
公事方御定書《くじかたおさだめがき》の制定

延享《えんきょう》

期間
1744年4月3日～1748年8月5日

天皇
桜町天皇、桃園天皇

寛延《かんえん》

期間　1748年8月5日～1751年12月14日

天皇　桃園天皇

宝暦《ほうれき》

期間　1751年12月14日～1764年6月30日

天皇　桃園天皇、後桜町天皇

●宝暦治水事件　1754年～1755年

幕命によって薩摩藩が行った木曾・長良・揖斐《いび》川の治水工事完工後に、薩摩藩士が自殺した事件のことである。

これらの川は濃尾平野を貫流し、下流は川床が高く、しばしば大洪水を起こした。そこで、幕府は薩摩藩に川普請《ふしん》手伝いを命じ、薩摩藩は家老・平田靭負《ゆきえ》以下数多くの藩士を派遺して、工事にあたらせた。この工事は財政難に悩む薩摩藩にとっては大きな苦痛であり、しかも想定以上の難工事だった。

結局、工事費は予算の倍額である40万両に上った。また、幕吏との対立もあり、工事期間中に藩士51人の自殺と33人の病死者を出してしまう。

このため、宝暦5年（1755年）、完工検分後に総奉行の家老・平田は責を負い自殺したのだった。

●宝暦事件　1758年

神道家で尊王主義だった竹内敬持《たけのうちたかもち》（式部）が、摂家の関白・一条道香《みちか》に京都から追放された事件を「宝暦事件」と呼んでいる。江戸時代において、尊王論者が初めて弾圧された事件である。

明和《めいわ》

期間 1764年6月30日〜1772年12月10日
天皇 後桜町天皇、後桃園天皇
出来事 田沼意次《おきつぐ》が老中に＝田沼時代の始まり

●明和の大火　1772年

明和9年（1772年）、目黒行人坂の大円寺から出火した火災が、江戸三大大火の一つ「明和の大火」である。風にあおられた火は駒込や神田、日本橋まで広がり、特に日本橋は壊滅的被害を受けた。これは坊主が放火したことが出火原因とされている。3日にわたって続いた火災によって、1万4700人が亡くなった。

明和年間は他にも、明和8年（1771年）に八重山列島近海を震源地とする地震が発生し、大きな津波が石垣島を襲った「明和の大津波」も起こった。

安永《あんえい》

期間　1772年12月10日～1781年4月25日

天皇　後桃園天皇、光格《こうかく》天皇

出来事　『解体新書』の完成

どのような時代だったか

第9代将軍・徳川家重《いえしげ》は宝暦10年（1760年）に、嫡子・家治《いえはる》に将軍職を譲った。そして、その翌年に家重は死去したが、遺言の中で田沼意次を重用せよと言い残した。

意次は、第10代将軍・家治の側用人、老中として政治の実権を握り、幕政改革を推進した。その実権を握っていた明和4年（1767年）から天明6年（1786年）までを「田沼時代」という。

その特徴は、問屋・株仲間を育成強化し、商業資本と結びつき、幕政に新風を起こそうとした点である。商品作物栽培奨励、下総印旛沼開拓、外国貿易の奨励、貨幣の増鋳など、積極的な商業主義政策を実施したのだ。

しかし、武士の困窮にさらに拍車をかけ、儒者らの不満・反発が激しかった。そのため、天明6年に将軍・家治が死去すると、後ろ盾を失った意次も失脚してしまった。

天明《てんめい》

期間 1781年4月25日～1789年2月19日

天皇 光格天皇

出来事 田沼意次の失脚＝松平定信《さだのぶ》が老中に、天明噴火、天明の大火

●天明の大飢饉　1782年〜1788年

江戸時代最大と言われる飢饉が、「天明の大飢饉」だ。天明2年（1782年）より発生し、江戸四大飢饉の一つとされる。異常な天候や冷害が続いたこと、また宝暦年間に起こった飢饉の影響が残っていたことなどから、東北地方一帯が大飢饉に見舞われた。

追い打ちをかけるように、浅間山が天明3年（1783年）に大噴火。「天明噴火」と呼ばれる噴火で、広範囲に火山灰が降り注ぎ、日照時間が減少、不作が続き、飢饉は深刻化した。

悪天候は収まらず、飢饉は天明8年（1788年）まで長引く。その惨状は凄まじく、餓死者は100万人近いと言われていた。

江戸や大坂には農村から逃れた人があふれ、治安が悪化。米屋や商家を襲う打ちこわしが激増した。これに危機感を覚えた幕府は「寛政の改革」を進めていくのであった。

また、天明8年に、京都で「天明の大火」が発生した。御所や二条城を含め、市街地の8割近くが焼けるという大規模な火災であった。

寛政《かんせい》

期間 1789年2月19日〜1801年3月19日

天皇 光格天皇

●寛政の改革　1789年〜1793年

天明7年（1787年）に15歳で第11代将軍となった徳川家斉《いえなり》は、名君と呼ばれた白河藩主・松平定信を老中に任命し、幕政改革を担わせた。これが江戸時代の三大改革の一つ、「寛政の改革」である。

松平定信は、田沼意次が行った商業育成の政策を次々と覆した。年貢による収入を中心に質素倹約を徹底すべきだと、定信は考えたのだ。

主な政策として、寛政2年（1790年）に発布した「囲米《かこいまい》の制」では、各大名たちに1万石につき50石の米の備蓄を呼びかけた。度重なる飢饉への備えだったとされている。

また「棄捐令《きえんれい》」を発布し、旗本や御家人の6年以上前の借金は帳消しに、5年以内の借金は利子を下げることとした。学問については、「寛政異学の禁」によって幕府の公式な学問を朱子学と定め、それ以外の学問を禁止した。

質素倹約を掲げる厳しい「寛政の改革」は、庶民には息苦しさを与え、幕府内でも疎まれて支持を得ることができず、わずか6年で失敗に終わった。

享和《きょうわ》

期間
1801年3月19日～1804年3月22日

天皇
光格天皇

文化《ぶんか》

期間
1804年3月22日～1818年5月26日

天皇
光格天皇、仁孝《にんこう》天皇

●文化の大火　1806年

文化3年（1806年）に、江戸の町で火災が発生。火元は芝車町《くるまちょう》のあたりで、江戸三大大火の一つとされている。12万戸以上が焼け、死者は1200人ほどだった。強風により京橋、神田、浅草周辺にまで被害が広がった。

●化政文化　1804年〜1830年

文化・文政と続く時代には、さまざまな文化が花開いた。2つの元号から「化政文化」と呼ばれている。主に江戸の町人を中心に、庶民にも裾野が広がった文化である。

社会風刺を取り入れた川柳や狂歌、十返舎一九《じっぺんしゃいっく》の『東海道中膝栗毛《ひざくりげ》』などの滑稽本が人気を博すなど、皮肉やおかしみのあるものが好まれるようになった。そこから歌舞伎の人気にも火がついていく。

多色刷りが可能になったことで、浮世絵から発達した錦絵が数多くつくられた。美人画の喜多川歌麿、風景画の葛飾北斎（「富嶽三十六景」）と歌川広重（「東海道五十三次」）、役者絵の東洲斎写楽《とうしゅうさいしゃらく》らが流行を牽引した。

その他、俳諧では与謝蕪村《よさぶそん》や小林一茶《いっさ》、滝沢馬琴の『南総里見八犬伝』に代表される読本や人情本、円山応挙《おうきょ》の写生画も人気となる。西国への巡礼や伊勢参り（お蔭参り）も、この頃に多くの人が行ったとされる。

文政《ぶんせい》

期間 1818年5月26日～1831年1月23日

天皇 仁孝天皇

出来事 文政の異国船打払令《うちはらいれい》

どのような時代だったか

19世紀前半になると、鎖国状態の日本に、しばしば欧州の外国船が現れるようになった。しかし、その魁は意外に早く、元文4年（1739年）のロシアの探検船である。日本近海に現れ、牡鹿半島、房総半島、伊豆下田に上陸し、「元文の黒船」と呼ばれた。

ロシアに対して危機意識を持つ幕府は、享和2年（1802年）に、東蝦夷を直轄地としたうえで、蝦夷奉行を設置した。また、享和元年（1801年）、伊《い》能忠敬《のうただたか》が伊豆から本州太平洋岸の測量を行った。国防の第一歩としては、自国の正確な地図が必要だったのだ。

文化元年（1804年）には、またロシア船が長崎に現れた。ロシア使節レザノフが通商を求めて来航したのである。幕府がこれを追い払ったため、ロシア船は樺太や択捉島を報復として攻撃した。さらに文化5年（1808年）には、イギリスの軍艦フェートン号が同じく長崎港に侵入した。

文化年間の頃から外国船がたびたび来航するようになったため、幕府は文政8年（1825年）に、異国船打払令を発布したのだった。

天保《てんぽう》

期間 1831年1月23日～1845年1月9日

天皇 仁孝天皇

出来事 大塩平八郎の乱、モリソン号事件、蛮社の獄

●天保の大飢饉　1833年～1839年

洪水や冷害が続いたことで凶作となった天保4年（1833年）に、最後の江戸四大飢饉「天保の大飢饉」が起こった。主に東北地方に被害が集中したが、これまでの経験からさまざまな備えや対策を行ったため、天明の大飢饉ほどまでの被害を出さずに済んだと言われる。しかし、それでも飢えで相当な数の貧しい人たちが、農村や都市で亡くなった。凶作により米が取れなくなり、米の価格が上がったことで、各地で百姓一揆や打ちこわしも頻発し始めた。特に天保8年（1837年）に大坂で起こった「大塩平八郎の乱」は有名だ。

大坂町奉行所の与力《よりき》だった大塩平八郎が、困窮する貧民たちの救済を幕府に求めて決起

した。これに対して幕府は旗本を出兵させ、半日で鎮圧させた。結局、大塩平八郎は自害に追い込まれたが、その余波は全国に広がり、一揆はさらに加速していった。

●天保の改革　1841年～1843年

飢饉や続発する一揆を受けて、幕府は江戸三大改革の一つである「天保の改革」に着手した。第12代将軍の徳川家慶《いえよし》は、老中だった水野忠邦を中心に進めようとした。しかし、幕府内でも改革に反対する者が多く、約900人の高官が処罰されたという。

人材を新たに入れ替えた幕府は、西洋式軍隊の整備も進めていった。主な政策としては、徹底的な「倹約令」によって贅沢を禁止させた。そのため寄席が閉鎖され、歌舞伎役者などが処罰されたという。

また、「人返し令」を発令し、都市に出て来ていた農村出身者を強制的に帰郷させた。さらに、「株仲間解散令」によって自由競争を促そうと試みたが、流通システムに混乱が生じ、景気はむしろ悪化してしまった。

水野忠邦が自ら失脚のきっかけをつくってしまったのは、「上知令《じょうちれい》」だ。大名・旗本の領地を幕府直轄地にしようと考えたのだが、反対の声が強く実施されなかった。このように、どの政策も成果を上げることができず、天保の改革はほとんどが失敗に終わっている。

どのような時代だったか

天保8年（1837年）に、「モリソン号事件」が起こった。来航したアメリカ商船に、「異国船打払令」に基づいて砲撃したのである。この商船は日本人の漂流民を日本に返すために来たことがわかり、「異国船打払令」への批判が起こった。

特に、蘭学者・高野長英《たかのちょうえい》や、田原藩家老で思想家でもあった渡辺崋山《かざん》は、鎖国政策を取り続ける幕府を痛烈に批判。幕府は、長英や崋山をはじめ開国論者や蘭学者たちを弾圧し、厳しく処罰した。これが天保10年（1839年）の「蛮社の獄」である。

弘化《こうか》

期間　1845年1月9日〜1848年4月1日

天皇　仁孝天皇、孝明天皇

嘉永《かえい》

期間　1848年4月1日〜1855年1月15日

天皇　孝明天皇

出来事　黒船来航、日米和親条約締結

安政《あんせい》

期間　1855年1月15日〜1860年4月8日

天皇　孝明天皇

出来事　日米修好通商条約締結、桜田門外の変

●安政の五カ国条約　1858年

安政5年（1858年）に、アメリカの総領事ハリスから日米修好通商条約の調印を迫られ、締結したことをきっかけに、オランダ、ロシア、イギリス、フランスとも同様の条約を締結したため、「安政の五カ国条約」と言われている。

そもそもは、嘉永6年（1853年）にアメリカから黒船を率いたペリーが来航し、開国を迫ってきたことに端を発する。翌年に日米和親条約を締結してしまうと、そこからは他国からの同様の開国要求を拒否することができず、安政元年（1854年）にロシアと日露和親条約を締結した。その流れからの五カ国条約締結である。

これらの条約には、日本にとって不平等な内容が盛り込まれていた。関税決定権が日本にはない点、そして治外法権を認める点である。諸外国からの圧力に屈したような形になり、各地から不満の声が上がった。

また、天皇の勅許を得ていない条約だったため、強引に締結を推し進めた大老・井伊直《なお》弼《すけ》に反発する者も多くなっていた。同時期には第13代将軍・徳川家定の将軍継嗣《けいし》問題も持ち上がっていて、井伊直弼は一橋家の一橋慶喜ではなく、紀州藩主の徳川家茂を強引に後継者にしてしまったこともあり、さらなる反発は免れない状態になりつつあった。

●安政の大獄　1858年～1859年

井伊直弼は、条約締結に反対する者たちを厳しく弾圧した。安政5年（1858年）から翌年にかけて行われる「安政の大獄」である。

処罰の対象となったのは、尊王攘夷を唱える諸藩の大名や志士（活動家）、天皇の親族を含めた公卿にまで及び、100人以上が罰せられた。崇拝する天皇を中心とした政治を目指し、外国を武力で追い払おうとする尊王攘夷派は、幕府にとっては徳川家の存在を脅かすものだったのである。

倒幕を目論んでいた長州藩家臣の吉田松陰は死罪に、将軍継嗣問題で争い、のちに第15代将軍となる一橋慶喜や、福井藩主の松平春嶽《しゅんがく》らは隠居・謹慎に処せられた。

この厳しい弾圧が引き金となり、直弼は安政7年（1860年）、桜田門外で暗殺されてしまう（桜田門外の変）。弱体化が進んだ徳川幕府は、ここから一気に尊王攘夷派に盛り返され、終焉に向かっていくこととなる。

万延《まんえん》

期間　1860年4月8日～1861年3月29日

天皇　孝明天皇

文久《ぶんきゅう》

期間　1861年3月29日～1864年3月27日

天皇　孝明天皇

出来事　文久の改革、八月十八日の政変

元治《げんじ》

期間　1864年3月27日～1865年5月1日

天皇　孝明天皇

出来事　池田屋事件、禁門の変、第一次長州征伐

どのような時代だったか

文久2年（1862年）、幕藩体制の維持を望む「公武合体」の立場だった薩摩藩国父・島津久光《ひさみつ》は、幕府に幕政改革を要求。薩摩藩の意向を受け入れた幕府は、徳川慶喜を将軍後見職に置くなど、「文久の改革」を推し進めた。

「文久の改革」を終え、薩摩藩は京に向かった。同年、横浜郊外で、薩摩藩の行列を乱したとして、薩摩藩士がイギリス人4名のうち3名を殺傷した「生麦事件」が起こった。これをきっかけに、翌文久3年（1863年）、薩英戦争に発展した。

急進的な尊王攘夷論が藩論の長州藩は、文久3年に下関海峡で、外国船に砲撃を仕掛けた。攘夷の決行だった。この動きに対し、薩摩・会津両藩は公武合体派の公家の協力を得て、京都から長州藩勢力を一掃した。「八月十八日の政変」である。

時代は前後するが、文久元年（1861年）、ロシア軍艦ポサドニック号が補給基地を求めて対馬に来航し、占領事件が起きた。文久年間は、改革と政変と尊王攘夷に揺れた3年だった。

続く「元治」という元号は、江戸時代の社会混乱の中で、わずか1年という短い元号となった。元治元年（1864年）5月には水戸藩で「天狗党の乱」が、6月には京都で「池田屋事件」が、7月には長州藩と薩摩・会津両藩が京都で戦った「禁門の変」が起こった。

直後に幕府は諸藩の兵に動員をかけて、「第一次長州征伐」を開始した。8月には英仏米蘭四国連合艦隊が下関砲撃事件を起こした。非常に不穏な1年だった。

慶応《けいおう》

期間 1865年5月1日～1868年10月23日

天皇 孝明天皇、明治天皇

出来事 第二次長州征伐、大政奉還、王政復古の大号令、鳥羽・伏見の戦い

どのような時代だったか

江戸時代最後の元号が「慶応」である。慶応元年（1865年）、「第一次長州征伐」の始末のため、長州藩に領地の削減を命じた幕府に対して、長州藩がこれを断固拒絶した。そのため慶応2年（1866年）に、幕府は「第二次長州征伐」の準備を始めた。

幕府が頼みとする薩摩藩は倒幕に転換し、慶応2年に「薩長同盟」を長州藩と結ぶ。幕府はあくまで強硬に「第二次長州征伐」にこだわったが、その最中に第14代将軍・徳川家茂が急死。征伐は中止になり、第15代将軍には慶喜が就任した。同年には孝明天皇も崩御、明治天皇が誕生した。

慶応3年（1867年）から翌年にかけて、民衆が仮装し「ええじゃないか」と連呼しながら踊りまわる世直し運動が起きた。この熱狂的な踊りは、江戸から四国まで広がったという。

武力による倒幕を目指す薩長両藩に対し、慶応3年、将軍・慶喜は政権を朝廷に返還する「大政奉還」を上奏した。この奉還によって、慶喜は朝廷のもとでの諸藩連合政権の主導権を握ろうと目論んだのだ。

薩長両藩は慶喜の「大政奉還」上奏の同日に、岩倉具視《ともみ》らと朝廷内でクーデターを起こした。天皇中心の新政権樹立宣言である「王政復古の大号令」を発したのだ。直後の小御所会議では、新政権から慶喜を排除すると決めた。

そして、慶応4年（1868年）に「鳥羽・伏見の戦い」が勃発し、「戊辰戦争」へと流れた。鳥羽・伏見の戦いで旧幕府軍は破れ、慶喜は己の軍勢を置き去りにして、江戸に逃れた。そして、江戸城無血開城となり、江戸幕府は滅亡したのである。

終章

近現代の事件・出来事

明治《めいじ》

期間　1868年10月23日～1912年7月30日

天皇　明治天皇

出来事　戊辰戦争、足尾銅山鉱毒事件、日清戦争、日露戦争、伊藤博文暗殺事件、韓国併合

●明治維新　1853年～1889年

時期については諸説あるが、江戸時代のペリー来航から大日本帝国憲法発布の頃まで、倒幕運動から大政奉還、新政府軍と旧幕府軍がぶつかって1年以上も続いた戊辰戦争、そして明治時代に入ってから行われたさまざまな改革をひとまとめにして、「明治維新」と呼んでいる。ここでは明治年間の改革について触れる。

まず慶応4年（1868年）に、新たな日本を目指すための基本方針として「五箇条の御誓文」を公布。スローガンとして「富国強兵」「殖産興業」が多用されることとなった。続けて、東京を首都とすることが決定する。

明治4年（1871年）に、「廃藩置県」を実施。これまでの藩を廃止して、新たに政府が派遣する府知事・県令が府県を治めることになった。同時に「士農工商」の身分制度が撤廃され、華族、士族、平民に分かれたことで、「四民平等」の世となった。

「富国強兵」を進めるために、明治6年（1873年）には「徴兵令」が施行される。武士の世ではなくなったことで、国民皆兵が求められることとなったのだ。同年には「地租改正条例」も公布され、江戸時代まで続いた年貢を廃止、所有する土地に地租が課税された。

一方では、「殖産興業」として産業の発展を目指すために、富岡製糸場などの官営模範工場がつくられた。貨幣制度も通貨単位を「円」に変更し、近代的な金融制度を導入していく。

藩ごとに異なった教育を行っていたので、統一するための「学制」が明治5年（1872年）に定められた。全国一律の義務教育の開始である。その後、明治19年（1886年）には「学校令」として第二次世界大戦後まで続く教育制度となった。

明治22年（1889年）に、大日本帝国憲法が公布される。これは日本初の近代的憲法で、翌年には帝国議会も発足する。こうして日本は立憲君主の国としてアジアでは最初の国となり、一気に近代国家へと変貌を遂げていったのである。

●明治六年の政変　1873年

明治初期、政府の実権を握っていたのは薩摩、長州、土佐、肥前藩出身の倒幕に貢献した旧志士たちだった。諸藩から集まっていることもあり、意見が分かれることももちろんあった。その亀裂が大きく表れたのが、「明治六年の政変」である。

これは、鎖国政策を続ける朝鮮を武力によって開国させるべきと考える「征韓論」を唱える西郷隆盛や板垣退助らと、それには反対する大久保利通、岩倉具視、伊藤博文らによる対立から始まった。議論は紛糾し、互いの意見は平行線をたどった。

結局、明治天皇が大久保らの反対意見に賛同したことで、西郷らをはじめ、参議の半数と、軍人や官僚ら600人ほどが一斉に職を辞する事態となった。この政変が、のちの士族による最後の反乱「西南戦争」や自由民権運動へと繋がっていく。

●明治十四年の政変　1881年

明治14年（1881年）、自由民権運動の全国的な高まりの中で、憲法制定の論議が政府内でも行われるようになった。君主大権を取り入れたビスマルク憲法か、イギリス型議院内閣制の憲法で争われ、前者を推す伊藤博文と井上馨（長州閥）が、後者を推す大隈重信（肥前藩出身）を政府から追放した事件である。

大久保利通暗殺後の明治10年代の明治政府は、非常に不安定だった。国会開設運動が興隆する中で、憲法制定と国会開設に消極的な右大臣・岩倉具視、漸進的な伊藤博文・井上馨、やや急進的な大隈重信を中心に運営されていた。政府内にあって、大蔵卿で参議の大隈は西南戦争後の財政赤字をどう克服するかをめぐって、松方正義らと対立していた。

明治13年（1880年）に入ると、岩倉は自由民権運動を意識しつつ、参議や諸卿から立憲体制導入の手法について意見を求めた。同年暮れ、伊藤は漸進的な改革と上院設置のための華族制度改革を意見書として提出した。伊藤の提出の前後から、他の参議らからも意見書が出されたが、大隈だけが意見書の提出を先延ばしにしていた。

そして、明治14年3月、大隈はようやく意見書を提出。その内容は、イギリス流立憲君主国家を目指し、早期の憲法公布と国会の2年後開設を主張した。この大隈案は福澤諭吉の民権論に近いもので、岩倉は太政官大書記官・井上毅《こわし》に一刻も早い対抗策を出すことを依頼した。

井上はドイツ帝国を樹立したプロシア式君権主義国家論を意見書として提出した。この状況を知った伊藤は大隈案および岩倉・井上毅案に対して激怒した。また、岩倉が唱える「大隈追放」にも消極的だった。


明治14年7月に、薩摩閥の開拓使長官・黒田清隆が同じ薩摩の政商・五代友厚《ごだいともあつ》に格安の金額で官有物払下げを行おうとしていたことが明るみになり（開拓使官有物払下げ事件）、政府批判が激しくなると、自由民権運動はますます燃え広がった。

さらに、大蔵省内の大隈派（慶應義塾出身の官僚たち）がこの払下げ内容が不当に廉価だと中止を昂然と主張した。この事態に至って、伊藤は大隈派の擁護から一転し、追放に舵を切った。政府は大隈と民権陣営の結託による陰謀と断じて大隈追放を決定したのだ。

そして、伊藤、井上らは協議を行い、「大隈の罷免・払下げ中止・10年後の国会開設」などの方針を決めた。

下野した慶應義塾出身官僚たちはその後、実業界へ進出することになった。また、大隈は10年後の国会開設に備え、翌明治15年（1882年）3月には小野梓、矢野文雄とともに立憲改進党を結成した。また、同年10月、政府からの妨害工作を受けながらも「東京専門学校」（現・早稲田大学）を早稲田に開校し、新しい時代を民間の力でデザインしようとした。

どのような時代だったか

「明治」への改元とともに、天皇在位中に改元は行わないという「一世一元の詔」が出された。「天皇一代に元号もひとつ」という体制が、明治政府によって決められたのである。そして、明治6年（1873年）に西暦が導入されて、旧暦・明治5年12月2日の翌日を明治6年1月1日にした。

さて、先ほどの「明治維新」の項でも触れたが、明治22年（1889年）、「大日本帝国憲法」の公布で、日本は近代国家としての枠組みがほぼ整った。

明治政府にとって残る国家的な課題は、欧米諸国と幕末時に結んだ不平等条約の改正である。明治初年の頃、欧米諸国は条約の改正に消極的だったが、まずイギリスに変化が見られた。

その変化の原因は、ロシアの東アジア進出だった。ロシアの動きを警戒したイギリスは日本に理解を示し、明治27年（1894年）、日英通商航海条約の締結をした。この締結によって、日本政府は治外法権の撤廃と税権の一部回復を実現させたのである。

その直後の明治27年7月に、朝鮮半島の権益をめぐり、清国との間で「日清戦争」が発生する。日本はアジアの大国に勝利した。

そして、明治37年（1904年）には、ロシアと朝鮮半島の利権をめぐって「日露戦争」が勃発した。この戦争にも日本が勝利すると、欧米諸国の日本に対する態度が変わり、明治44年（1911年）にすべての不平等条約の改正が行われた。幕末の開国からほぼ半世紀かかって、ようやく改正が果たされたのだった。

大正《たいしょう》

期間 1912年7月30日〜1926年12月25日

天皇 大正天皇

出来事 第一次世界大戦、パリ講和会議、国際連盟発足、原敬暗殺事件、関東大震災

●大正政変 1913年

明治末以来、藩閥政治家で陸軍に近い桂太郎（長州藩出身）と立憲政友会の西園寺公望《さいおんじきんもち》（公家出身）が交互に政権を担う「桂園時代」が続いていた。

軍部の圧力により第2次西園寺内閣が倒され、長州閥の桂太郎が組閣すると、政党・実業家有志・ジャーナリスト・市民らの憲政擁護運動が高まり、第3次桂内閣は総辞職を余儀なくされた。これを「大正政変」という。この政変から「大正デモクラシー」は始まった。

●大正デモクラシー　1910年～1929年頃

大正年間に民主主義を求めた国民たちの動きを総称して、「大正デモクラシー」と呼んでいる。明治時代以降の国家を革新する大きな変化を経て、国民の考え方もまた大きく変わってきていた。表現の自由、思想の自由を訴え、政府だけでなく、国民も政治に参加することができないか、そんな考えが広がってきたのだ。

影響力を持っていたのが、大学の教授たちだ。吉野作造は「民本《みんぽん》主義」を唱え、美濃部達吉は「天皇機関説」を発表し、広く民衆に知れ渡っていった。それにともない、普通選挙の実施などを求める運動や、立憲政治を擁護する護憲運動などが盛んに行われた。

特に大きな広がりを見せたのが、米騒動だ。徐々に不況に向かいつつあった中、米価が高騰したことで、地主や商人が米の買い占めや売り惜しみなどを行った。

それに反対した富山県の漁師の妻たちは、怒り心頭で米問屋に詰めかけた。この騒動を皮切りに、全国で共感した者たちによる同様の騒動が発生、米問屋の打ちこわしや焼き討ちが相次ぐ事態となった。結局、寺内正毅内閣の総辞職によって一応の収束を迎える。

さまざまな運動や騒動の高まりは、大正14年（1925年）に満25歳以上のすべての男子に対する普通選挙法の実現によって最高点に達するが、同時に労働運動、社会主義運動を取り締まる治安維持法が定められたことで、抑圧されていくこととなった。

どのような時代だったか

明治45年（1912年）7月30日、明治天皇が崩御。皇太子・嘉仁《よしひと》親王（のちの大正天皇）が践祚《せんそ》したため、改元の詔書を公布し、即日施行した。同日は大正元年7月30日になったのである。

「大正時代」とは、「デモクラシーと世界戦争、そして革命の時代」だった。

大正元年（1912年）、中国では辛亥革命によって清が滅亡し、「中華民国」が誕生した。日本ではこの年、先に触れた「大正政変」が起こった。明治以来の藩閥による「超然内閣」が揺らぎ、立憲政友会などの政党勢力が進出した。二度に及ぶ憲政擁護運動は「大正デモクラシー」の象徴とも言えた。

大正3年（1914年）には、「第一次世界大戦」が勃発。日本はイギリスと

「日英同盟」を結んでいた関係でドイツに宣戦布告をする。その結果、ドイツ領南洋諸島の一部を占領した。また、大戦景気によって空前の好景気になった日本は、日露戦争以降の財政難を解消した。

第一次世界大戦によって、ドイツやオーストリア、ロシアなどで君主制が廃止され、共和国が多数生まれた。また、「ロシア革命」は、日本のインテリ層に資本主義を批判する社会主義・共産主義の魅力を強く与えた。大正期の知識人は、「改造・革新・革命・維新」という言葉に魅かれたのである。

大正7年（1918年）、米価は高騰し、全国で70万人以上が参加した「米騒動」は、世界大戦終結による日本経済の矛盾だった。さらに、大正12年（1923年）には10万人以上の死者を出した「関東大震災」が発生した。京浜工業地帯は甚大な被害を受けて、日本経済は恐慌へと向かっていった。

米騒動が起きた大正7年には、「平民宰相」と言われた原敬が総理大臣となり、日本初の本格的な政党内閣を組織した。原は平民宰相と言われたが、実際には南部藩家老の血筋だった。

原は卓越した政治感覚と指導力を有する政治家だったが、平民たちに期待されたほどの改革ができないままに、大正10年（1921年）、東京駅構内で暗殺された（原敬暗殺事件）。大正14年（1925年）になり「普通選挙法」が成立したが、同時にロシア革命の影響を警戒してか、「治安維持法」が制定された。

大正時代の文化を見ると、都市文化、大衆文化が花開いた時代である。「大正モダン」という言葉に象徴されるように、都市を中心に享楽的な文化が生まれた。また、それまでの「女工」に代わり、女子事務員や電話交換手などが現れ、「職業婦人」と呼ばれるようになった。

しかし、華やかな都市文化が生まれた陰で、スラムが形成され、民衆騒擾が発生し、労働組合と小作人組合によって団結が生まれ、労働争議が激化するなど社会的な矛盾が露わになった時代でもある。

大正10年11月25日に、皇太子・裕仁《ひろひと》親王は、大正天皇の病状悪化により「摂《せっ》政《しょうのみや》宮」となった。そして、力強く輝いていた明治の時代を見直す機運が生まれ、明治天皇と昭憲皇太后を祀る「明治神宮」が建立されたのだった。

昭《しょう》和《わ》

期間　1926年12月25日～1989年1月7日

天皇　昭和天皇

出来事　日中戦争、第二次世界大戦、日本国憲法公布、安保闘争、東京オリンピック開催、沖縄返還、オイルショック、ロッキード事件、リクルート事件

●昭和恐慌　1930年～1931年

昭和の初めは恐慌が続いた。きっかけは、昭和2年（1927年）の「昭和金融恐慌」だ。これは大正12年（1923年）に発生した関東大震災が引き金となっている。大ダメージを受けた関東では、返済期限を延ばしたり、法令によって割引するなどされた震災手形が大量に生じた。その手形の多くが不良債権化したことで、恐慌が発生したとされる。さらに昭和4年（1929年）10月、アメリカ・ニューヨークで株価の大暴落から始まった世界恐慌が、日本にも大きな影響を与える。翌年の昭和5年（1930年）に日本

経済は危機的な状況に陥ったが、これが戦前で最も深刻だとされる「昭和恐慌」である。金輸出解禁後だったため、大量の金が海外に流出し、輸出は激減、農作物の物価が急落した。折からのデフレ政策も加わって株価が急落、企業の倒産やリストラが相次ぎ、失業者が増大した。同時期には北海道、東北地方を大凶作が襲い、農村では欠食児童、女子の身売りまで急増したという。

多くの国民が非常に困窮し、苦悩しているときに、財閥などはドル買いにより金輸出再禁止後に巨額の為替差益を獲得した。こうした行為は財閥への非難を高め、血盟団事件などの発火点となったのだった。

どのような時代だったか

大正15年（1926年）12月25日、大正天皇が崩御されて、同日、皇太子で摂政宮である裕仁親王が践祚を受けた。そして、直ちに改元の詔書を公布し、「昭和」に即日改元した。1926年の最後の1週間だけが「昭和元年」になった。

「昭和」という時代は、太平洋戦争を挟み、「戦前」と「戦後」に分かれる。まずは、「戦前」から触れる。

昭和5年（1930年）に、「昭和恐慌」が発生した。同時期に、東北地方は大凶作となり、多くの国民が困窮したことは先述した通りだ。

こうした中で、軍部が台頭し始めた。昭和6年（1931年）の「満州事変」、昭和11年（1936年）には、「昭和維新」を標榜して急進派軍人によるクーデター「二・二六事件」が起きる。そして、昭和12年（1937年）には日中戦争へと突入した。

この時期の国民生活はどうかと言えば、戦争一色になっていたわけではなく、社会不安を感じながらも、これまでとあまり変わらない生活だった。しかも、昭和12年の日中戦争の突入後は一時的に好景気となったことから、華やいだ活気ある暮らしとも言える。

しかし、昭和14年（1939年）、第二次世界大戦が勃発すると、日本はドイツ、イタリアと同盟を結び参戦した。アメリカ、イギリス、ソ連などの連合国軍と戦い、昭和20年（1945年）に広島と長崎に原爆が投下されて、全面降伏した。

敗戦後は、アメリカを中心とした連合国軍最高司令官総司令部（GHQ）の占領政策に従った。財閥解体、農地解放、「日本国憲法」の制定を通じて、民主主義国家としての再生を期した。

天皇制については存続と決まり、元号についてはその法的根拠である旧皇室典範が廃止されたため、戦後長らく慣習としての使用に限定された。昭和54年（1979年）に「元号法」が制定され、改めて「昭和」は法的根拠を持つ公式な元号となったのだ。

昭和25年（1950年）に勃発した朝鮮戦争によって特需が生まれ、日本経済は急速に回復した。さらに、昭和30年代から40年代にかけては高度経済成長によって、国民生活が豊かになり、江戸時代の元禄年間になぞらえ、「昭和元禄」と言われた。

その後、二度のオイルショックを乗り越えた日本の経済は力強さが加わり、バブル景気の時代を迎えた。バブル景気の最中である昭和64年（1989年）1月7日に、昭和天皇が崩御されて、長い昭和の時代は終わりを告げた。

平成《へいせい》

期間 1989年1月8日〜2019年4月30日（予定）

天皇 今上天皇

出来事 消費税開始、湾岸戦争、バブル崩壊、阪神・淡路大震災、地下鉄サリン事件、アメリカ同時多発テロ、リーマンショック、東日本大震災

どのような時代だったか

昭和天皇の崩御により、皇太子・明仁《あきひと》親王が即位した。この日は土曜日で、東京地方は曇り空の一日だった。

同7日、「元号法」に基づき改元の政令が発布された。その翌日を「平成元年1月8日」とすることにより改元がなされた。この改元は、「元号法」による初めての改元だった。崩御を前提に、事前手続きは行えなかったため、改元は崩御当

日に手続きに入り、翌日に行われた。ただし、内密に準備は進められていて、元号は昭和63年（１９８８年）９月段階では、最終候補３案に絞り込まれていたという。

「平成」の最初の日である1月8日は日曜日、東京は朝から夕方まで雨が降っていた。平成年間は31年続き、日本の元号では昭和（64年）、明治（45年）、応永（35年）に次いで4番目の長さである。

参考文献

『元號考證』瀧川政次郎／永田書房／1974年
『詳説日本史』石井進、笠原一男、児玉幸多、笹山晴生／山川出版社／1994年
『コンサイス人名辞典　日本編』三省堂編修所編／上田正昭、津田秀夫、永原慶二、藤井松一、藤原彰監修／三省堂／1984年
『日本の元号』歴史と元号研究会／新人物文庫／2012年
『元号でたどる日本史』グループSKIT編／PHP文庫／2016年
『完全保存版　歴代天皇と元号秘史』別冊宝島／2017年
『日本史年表　第5版』歴史学研究会編／岩波書店／2017年
『元号　年号から読み解く日本史』所功、久禮旦雄、吉野健一／文春新書／2018年

● 監修者略歴

宮瀧交二（みやたき・こうじ）

大東文化大学文学部歴史文化学科　教授

1961年、東京都生まれ。立教大学大学院文学研究科博士後期課程から埼玉県立博物館主任学芸員を経て、現職。専門は、日本史・博物館学。博士（学術）。NHK「ブラタモリ（大宮編）」に出演。元号についての講演に多数登壇。

著書・論文に、『日本生活史辞典』（共著／吉川弘文館）、『岡倉天心 思想と行動』（共著／吉川弘文館）、『列島の古代史 第3巻 社会集団と政治組織』（岩波書店）所収の「村落と民衆」ほか。

元号と日本人
～元号の付いた事件・出来事でたどる日本の歴史～

2019年3月16日　第一刷発行

監　修　**宮瀧交二**

編著者　**プレジデント書籍編集部**

発行者　**長坂嘉昭**

発行所　**株式会社プレジデント社**

〒102-8641　東京都千代田区平河町2-16-1 平河町森タワー13階

http://president.jp　http://presidentstore.jp/

電話：編集（03）3237-3732　販売（03）3237-3731

構　成　**鮫島 敦　沖津彩乃（有限会社アトミック）**

装　丁　**ナカミツデザイン**

編　集　**桂木栄一**

制　作　**関 結香**

販　売　**高橋 徹　川井田美景　森田 巌**

末吉秀樹　神田泰宏　花坂 稔

印刷・製本　**図書印刷株式会社**

ISBN978-4-8334-2314-4

Printed in Japan